ハンディシリーズ
発達障害支援・
特別支援教育ナビ
柘植雅義◎監修

中川信子 編著

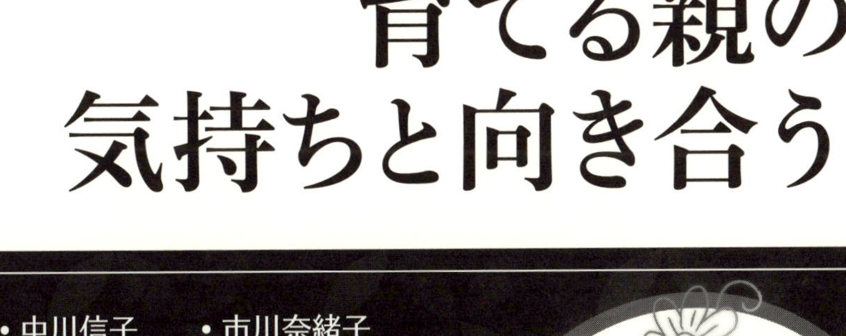

発達障害の子を育てる親の気持ちと向き合う

・中川信子　・市川奈緒子
・堀口貞子　・藤田晴美
・進藤美左　・阿部厚仁
・山登敬之　・前田かおり
・田上美恵子　・綿　祐二

金子書房

「発達障害支援・特別支援教育ナビ」の刊行にあたって

2001年は，新たな世紀の始まりであると同時に，1月に文部科学省の調査研究協力者会議が「21世紀の特殊教育の在り方について 〜一人一人のニーズに応じた特別支援の在り方について〜」という最終報告書を取りまとめ，従来の特殊教育から新たな特別支援教育に向けた転換の始まりの年でもありました。特に画期的だったのは，学習障害（LD），注意欠如多動性障害（ADHD），高機能自閉症等，知的障害のない発達障害に関する教育の必要性が明記されたことです。20世紀の終わり頃，欧米などの他国と比べて，これらの障害への対応は残念ながら日本は遅れ，国レベルでの対応を強く求める声が多くありました。

しかし，その2001年以降，取り組みがいざ始まると，発達障害をめぐる教育実践，教育行政，学術研究，さらにはその周辺で深くかかわる福祉，医療，労働等の各実践，行政，研究は，今日まで上手い具合に進みました。スピード感もあり，時に，従来からの他の障害種から，羨望の眼差しで見られるようなこともあったと思われます。

そして14年が過ぎた現在，発達障害の理解は進み，制度も整い，豊かな実践も取り組まれ，学術研究も蓄積されてきました。以前と比べれば隔世の感があります。さらに，2016年4月には，障害者差別解消法が施行されます。

そこで，このような時点に，発達障害を巡る種々の分野の成長の全容を，いくつかのテーマにまとめてシリーズとして分冊で公表していくことは非常に重要です。そして，発達障害を理解し，支援をしていく際に，重要度の高いものを選び，その分野において第一線で活躍されている方々に執筆していただきます。各テーマを全体的に概観すると共に，そのテーマをある程度深く掘り下げてみるという2軸での章構成を目指しました。シリーズが完成した暁には，我が国における発達障害にかかわる教育を中心とした現時点での到達点を集めた集大成ということになると考えています。

最後になりましたが，このような画期的なアイデアを提案して下さった金子書房の先見性に深く感謝するとともに，本シリーズが，我が国における発達障害への理解と支援の一層の深まりに貢献してくれることを願っています。

2014年9月

シリーズ監修　柘植雅義

Contents

第1章　発達障害の子を持つ保護者のためにできること
……………………………………………… 中川信子　2

第2章　保護者がわが子の「特性」に気づくとき
——健診から療育へ
……………………………………………… 市川奈緒子　11

第3章　地域の小児科診療室で出会う親子の姿から
……………………………………………… 堀口貞子　20

第4章　保育園・子育て支援センター・
発達支援センターでの保護者とのかかわり
……………………………………………… 藤田晴美　29

第5章　親の会による保護者同士のサポートの実際
……………………………………………… 進藤美左　39

第6章　「ことばの教室」　通級児の保護者と共に
……………………………………………… 阿部厚仁　48

第7章　精神科の診察室でできること
——児童期の子を持つ親の支えとなるために
……………………………………………… 山登敬之　58

第8章 思春期の子どもたちの周りの大人たちへ
…… 前田かおり 66

第9章 特別支援学校から
――小・中学校において必要な支援とは
…… 田上美恵子 74

第10章 障害のある子の将来を見据えた生活設計のために
…… 綿 祐二 82

資料 先生に贈る　ありがとうBOOK
…… 中川信子 92

第1章

発達障害のある子を育てる保護者のためにできること

中川信子

1 当事者中心，保護者と共に

平成19年4月1日，特別支援教育開始にあたって出された文部科学省初等中等教育局長名の通知「特別支援教育の推進について」の冒頭「特別支援教育の理念」には「特別支援教育は，障害のある幼児児童生徒への教育にとどまらず，障害の有無やその他の個々の違いを認識しつつ様々な人々が生き生きと活躍できる共生社会の形成の基礎となるものであり，我が国の現在及び将来の社会にとって重要な意味を持っている」と述べられている。

通知から10年近くたち，発達障害児者支援，特別支援教育は確実に前進した。しかし，発達障害についての知識が広まった一方で，安易に発達障害のラベルを貼ってことさらにみんなと違う点を強調したり，「発達障害だから」と決めつけて目の前のその子の特性やニーズを読み取ることなしに，評価の高い指導法や支援を適用したりする風潮も強まっている。共生どころか分離や排除も加速しているのではないだろうか。

医療や教育の関係者に見られる「発達障害は早期に発見し，早期に介入し，早期に支援を開始し，行動の変容を促すべき対象だ」と信じて疑わない姿勢に保護者は困惑し，傷つきもする。発達障害のある子どもたちにとっての大きな課題は，障害の克服ではなく，障害と共に生きることを前提にした自己実現にある（田中，2011）ということを心すべきであろう。

専門家は支援する側，子どもや保護者は支援される側，と明確な障壁を築いている専門家は少なくない。できないことをできないままに放置し，それが子どものありのままの姿を受け入れる配慮だ，と誤解している支援者もいる。子どもの診たてや指導に熱心になるあまり，その子を育てている一番のキーパーソンである保護者を尊重し，共に歩む態度を忘れないよう自戒したい。専門家の側からみると，知識や経験の少ない保護者との協働は，時間も労力もかかる余分な仕事と思えるかもしれない。しかし，その労力をいとわないことが「違いを認めて，共に歩く」共生の大事な練習である。

専門家の手を離れた後もずっと，子どもの成長過程，自己実現を見守り続けるのは保護者である。保護者が力をつけ，親子で自分らしさを表現できるように応援するのが，専門家に求められる役割であろう。

「共生」をお題目としてではなく，毎日の暮らしの中で実現すべき目標と考え，保護者との向き合い方を常に自省的に振り返る習慣を持ちたい。

2 なぜ，保護者との協働が大切なのか ――「適切な環境としての家庭養育」を作りだす

なぜ保護者を支え，保護者と協働することが大切なのか？

発達障害は，その子が持つ特性と，周囲の環境との関係によって大きく変化する関係依存的な障害であり，子どもが長い時間を過ごし，大きな影響を受けるのが家庭だからである。

発達障害は発達しない障害ではない。特性や困難を持ちつつも，発達する。保護者が心理的に安定し，余裕を持って子どもと接し，正確な知識を持って無理させず，的確な支援を行い，少なくとも，発達を邪魔しない家庭養育が行われるならば，子どもは順調に成長できるだろう。子どもに伸びてもらうためには，保護者と協働するのが早道である。

発達障害ということばは「発達障害のある人，ない人」という対立を作りだすことにもなる。生活上のつまずきを生みやすいという意味で「生活障害」ということばと置き換え，かかわる人たちはそのつまずきを小さくするように応援することができる（田中，2014），とする田中の立場に私は共感する。

幼児期から学童期の保護者に家庭養育の具体的内容として「食べさせて，着せて，寝かせて，大きくするのが親の仕事。それ以上のことは余力があれば」と話す。「え？　それだけでいいんですか？」とけげんそうに言われることもある。

子育ては長丁場の営みであり，親は一生親であることから逃れられない。特に，発達障害の子を持つと子育て期間が通常より長く，大変なことも多いため，親は長持ちしなければならない。がんばって無理すると長続きしない。だから，最低ラインは，「生活をスムーズに回していくこと」に置いていい。

しかし，発達障害のある子の毎日の生活は，なかなかスムーズに流れてはくれない。スケジュールボードや身振り使用や実物を示すなどの視覚支援，気が散らないような室内の整理，分かりやすくタイミングをとらえたことばかけ，音環境や明るさなど感覚過敏への配慮など，必要な知識や特性に合わせた工夫は際限がない。特性はひとりずつ違うので，「こういうときにはこうする」的な一般論や，細かいハウツーに頼っていてはなかなかうまくいかない。

わが子の不可解な行動の「なぜ？」について納得ゆく理由を説明してもらい，適切かつ生活の中で実行可能な具体的アドバイスを受けることができれば，保護者はやがて次々と新しいアイデアを繰り出し，「〇〇くん支援の専門家」として軽々と私たちを越えて行ける。私たちは，保護者が日々の生活の中で子どもの育ちを支える一番身近なサポーターとしての役割を果たせるよう，手持ちの知識と力量のすべてを繰り出して，保護者に向き合う必要がある。

3 親と専門家は子どもの健やかな成長を共に喜び合う仲間である

親と専門家は子どもの健やかな成長をともに喜び合う仲間である。先生と呼ばれる立場だったり，専門職の資格がある人でも，生活者という視点で見れば保護者と何ら変わるところがない。専門家の看板を背負って保護者と接するときにも，「そういうこと，あるある」「みんな同じだよね」と共感できる能力，保護者との連続性の感覚を持ちたい。

発達障害を治すとか症状を少しでも軽くすることに一生懸命な保護者も多い。保護者の試行錯誤を批判的に見てやめさせようとだけするのではなく，「できるだけのことを全部やってみたいものですよね」と共感的に理解しつつ，「お子さんは，連日のグループ通いで疲れていませんか？」「それに，お母さんも大変そう。ちょっと心配です」と率直に伝えることが必要である。指示するのではなく，自分の意見や感想を伝えるにとどめる。

ある期間，がんばり抜いて，疲れ果てて，ちょっと手を抜いてみたら，存外子どもが伸びて，ちょうど「良い加減」の所に落ち着くことも少なくない。そんな時には「子どもって，余裕があるときにすっと伸びる。不思議ですね。でも，これも，お母さんが忙しい中，あれもこれもやってきたことの成果かもしれません」と保護者の奮闘をねぎらう。そして「こんなに変化して，私も本当にうれしいです」と，素直に保護者と共に喜び合えればよい。

専門家は，知識と専門性を持っているからといって保護者よりすぐれているわけではない。専門家だから何か特別なことができるわけでもない。子どもたちは，長い時間経過の中で，周囲のいろいろな人たちの影響を受けて成長する。自分以外にもたくさんいる地域の支援者たちや機関に感謝の気持ちを忘れず，至らぬところや，まだまだできない自分を認めつつ，保護者に学び，保護者と共にあろうとする態度を持ちたい。

くり返しになるが，支援する側の専門性が問われるのは，子どもの発達にとっての「適切な環境」をどう作り出せるかにおいて，である。

4 子育て支援は親支援
—— 地域での早期発見・適時介入・長期支援のシステムづくり

「子育て支援は親支援」であることは，子育て支援の分野では当然とされ，親を支援するためのさまざまな場やシステムが作られてきた。

平成27年から10年間の計画である「健やか親子21（第2次）」では，基盤課題Cとして「子どもの健やかな成長を見守り育む地域づくり」をあげ，「子育て中の親子を孤立させない地域づくり」を目標にしている。また重点課題①には「育てにくさを感じる親に寄り添う支援」「親子それぞれが発信する様々な育てにくさのサインを受け止め，丁寧に向き合い，子育てに寄り添う支援を充実させること」があげられている。

「育てにくさとは，子育てにかかわる者が感じる育児上の困難感で，その背景として，子どもの要因，親の要因，親子関係に関する要因，支援状況を含めた環境に関する要因など，さまざまな要素を含みます。育てにくさの概念は広く，一部には発達障害等が原因となっている場合等もあります」と発達障害についても言及されている。

「発達障害児の子育て」という特殊な子育てのジャンルがあるわけではない。通常でも支援が必要な現代の子育て事情の中，未知で困難な発達障害の子の子育てに直面する保護者は，通常より多くの，かつ，丁寧な「子育て支援」を必要としているし，支援を受ける権利がある，ということを念頭に置きたい。

乳幼児健康診査時に訴えの多い育てにくさについて，親子をめぐるさまざまな要素を勘案し，「丁寧に向き合い，子育てに寄り添う支援」「子育て支援」を組み立てる必要がある。早期に発達障害を指摘したり診断を伝えるだけでは，早期発見・早期絶望を引き起こすだけに終わってしまう。「発達障害を診断する目的は，育児や保育，教育に当たる人が，子どもをより理解して，子どもの成長を促すためにどのように接したらいいかを知る手がかりとするところにある」のである（杉山，1999）。

大神（2008）らの地域での実践が示すように，健診後，いきなり療育サービスに紹介するだけではなく，緩やかな地域のフォローのシステムが必要であり，障害としてとらえる前に，子育て支援対策として必要なサポートを受けられるようにすることが重要である。医療モデルではなく，社会（生活）モデルにもとづく対応である。親子の状況を見極めて「適時介入」する。そして，必要な期間，必要な量だけ「長期支援」を継続する。そういうシステムが地域内に構築されることが望まれる。

5 親としての自立を応援する——親にも失敗する権利がある

すでに成人した自閉症の息子さんを持つ保護者から言われたことがある。「息子が小さいころ，専門家の方たちが，ああしたらいい，こうすべきだ，といろいろ言ってくれました。助けられたこともたくさんあるけど，でもね，私，親にも失敗する権利はあるんじゃないかと思うんですよね」と。「失敗した，困った，と思ったときに，さっと手を差し伸べてこっちだよ，って言ってくれたら，あ，ほんとにそうだった，って腑に落ちて，親としての力をつけられるんじゃないか，とね」「望んでないうちに，どんどん路線が引かれ，そこに乗せられてる，って，障害のある子の親がよく感じることなんじゃないかな」と。

私に向けて言われたことばではなかったが，私は深く反省した。

発達障害の子の支援にかかわる人たちは，子どもをよい方向に導くために知識を求め，スキルを身につけようとする。子どもと多く接し，成長の姿を長く見てきた人ほど，「この先二次的心理的障害を起こさないように，早く，適切なかかわりを開始しなければ」と考える。それは当然であり，必要なことだ。

しかし，時として支援者側の熱意や善意，知識が先行し，保護者の思いが置き去りにされ「先回りして引かれた路線に乗せられた」感じになってはいないだろうか。引かれた路線の上を言われたままに走るだけでは，親としての力が育たず，結局，専門家への依存を招くだけの結果になりかねない。

いずれは，専門家と対等な関係を築き，専門家に知恵や力を貸してくれる自立した親に育ってほしい。自立は決して「孤立」や「個立」ではない。誰かに頼ったり相談したり，じょうずに支援を利用しながら，親子として「自分らしい人生」を作り出せるように応援する態度が重要であろう。親がもともと持っている力が発揮されるようエンパワーする，ということである。専門家からは歯がゆい回り道と見えることもあるが，最終的に選択するのは子どもと保護者自身であるという姿勢を貫きたい。

6 「障害受容」をゴールにしない

ドローターによる障害受容段階説は広く知られているが，発達障害の子を持つ親にはあてはまらないと感じることも多い。むしろ，中田（2002）が紹介しているオーシャンスキーによる「慢性的悲哀」の考え方のほうが保護者の気持ちを理解しやすい。中田は，慢性的悲哀の状態にある保護者の気持ちを，表と裏で色の違うリボンにたとえた。表が障害の肯定をあらわす色，裏が障害の否定をあらわす色である。巻かれたリボンは表から見ると障害を受け入れているように見えても，裏側には決して受け入れられない気持ちが常に渦巻いている。

ある保護者は，こう話してくれた。「（就労している）息子のおかげで人間に何が大事かが分かりました。息子がうちに生まれてくれてよかったと本気で思ってます。でもね，時々夢を見るんです。夢の中の息子は“ふつう”の子なんです。そして私は，『あ，やっぱり息子は発達障害じゃなかったんだ』ってすごくうれしいんですよね。夢から覚めると，気持ちはいつもビミョー。心底納得してるわけじゃないんだな，って」と。

また，「若いお母さんたちの，子どもが，いつか“ふつう”の子になるんじゃないか，っていう夢を取り上げるべきじゃないと思うんです，いくら専門家でも失礼な話ですよ。大きくなるにつれて“ふつう”にはならないんだろうなって，段々わかっていくんだけど，それでも1パーセントでも，2パーセントでも，『もしかしたら』って思っていていいと思うんです。“ふつう”にはならない，って分かって，そう決めるのは，親なんじゃないか，って」とも。

思い描いたイメージにはなかった困難な子育て。明るくやさしいお母さんになるはずがイライラして子どもを追いかけ回してばかりの自分。周囲の厳しい視線。予想とはまるで違う現実。保護者は，笑ったり，泣いたり，受け入れたり，否定したりをくり返し，時間をかけて，「わが家のこの子」との生活に折り合いをつけてゆく。一生かかる，長い道のりである。

長い道のりのそこここで，「大変ですよね」と共感し，よく話を聞いてくれ，子どもの成長時期ごとに必要なかかわりや働きかけについての具体的提案をしてくれて，「一緒に行きましょう」と励ましてくれる伴走者こそを保護者は必要としている。障害受容をゴールに設定して，まだできていないと保護者を追いつめることは厳につつしみたい。

7 家族まるごと支援の視点を持つ

発達障害の子のいる家庭で，きょうだいに不登校などの問題が生まれることは少なくない。サポートの乏しい日本では，医療機関受診などで保護者が手いっぱいになる。きょうだいは我慢させられたり，逆にみずから進んで母のサポート役を買って出たりし，一人では抱えきれなくなることがある。

療育機関や相談機関にきょうだいが同伴で来た場合など，一緒に遊びに誘うことが難しくても，必ずきょうだいにも目を向け，声をかけるなど，「あなたのこと，大切に思っているよ」との思いを伝えることが必要である。

また，一緒に通って来られない父親や，離れた地域で心配し応援しているであろう祖父母などの話題を意識的に出すことを通して，保護者（この場合は母親）が自分一人で背負っているのではない，と気づくきっかけを作る。

「支える人を支えるしくみ」ということばがある。困難な子育てには，支える人が多く必要である。家族まるごと支援の視点をもつことで，家族の力が強まり，保護者の負担を小さくできるかもしれない。

8 発達障害のある子どもを育てる保護者のためにできること

私たち専門家は非力ではあるが，できることも多い（中川，2016）。

乳幼児健診など，初めて障害の可能性と出会う保健分野においては，支援への入り口を丁寧に作ること。子どもを連れて来所，来院，来室してくれたことへの感謝と保護者の努力へのねぎらいを忘れないこと。

保護者との対応場面では，こちらの伝えたいことを言うだけではなく，保護者が抱える子育ての苦労や不安を共感的に聞き取る態度を持つこと。

保護者と専門家では立場が違うことをわきまえること。立場は違っても「一緒にやっていきましょう」という意志表明はできる。

保護者が本音を語ってくれるまでには長い時間がかかる。せめて，保護者や当事者の体験談や手記などに触れて，その思いを知るように努力すること。

子どもの特性や弱い点を伝えるときには，併せて自分たちが行っている工夫や，改善の方策をできるだけ具体的に伝えること。

専門家としての意見は伝えるが，最終的には保護者の選択を尊重すること。

「様子を見ましょう」といった抽象的な言い方で問題を保護者に任せるのではなく，どんな点をどう見るのか，どんな働きかけをしながら過ごすのかを具体的に伝えること。

子どもを取り巻く家庭や地域の支援機関の情報を積極的に探し，多くの人や機関の力を借りて親子が支えられるように“つなぐ”役割を果たすこと。

保育者やセラピストは，子どもの成長した点やできたことに焦点を当てがちだが，保護者の悩みやマイナスの気持ちにもきちんと耳を傾けること。

「先生は当事者ではないから，最終的には分かってくれない」と多くの保護者は思っていて，同じ立場にある保護者同士のつながりが何よりの助けになるのであるから，保護者同士のつながりを作るよう意識すること。

対人援助の分野で働く専門家は，その専門性を用いて家族の歩みを励まし，親子の幸せを作り出したい。ずっと先になるかもしれないが，親が「この子がうちの子でよかった」と思い，子が親に対して「いろいろあったけど，あんたの努力，サンキュー」と言えるようになれるとよい。

親子それぞれが人生の主人公として，自分の人生に「Yes」と言える将来の姿のために，非力であっても誠実に伴走し，力を貸し，具体的にアドバイスし，子どもの成長を保護者と共に喜べる能力を持つことが，支援者と呼ばれる者の務めであり，保護者のためにできることである。

【引用・参考文献】

中川信子（2016）家族支援（環境調整と連携）．石田宏代（編）言語聴覚士のための言語発達障害学第２版．pp248-257，医歯薬出版．

中田洋二郎（2002）子どもの障害をどう受容するか．p85，大月書店．

杉山登志郎（1999）高機能広汎性発達障害．p53，ブレーン出版．

田中康雄（2014）発達障害児である前に，ひとりの子どもである．汐見稔幸（監修）発達障害の再考．pp14-15，風鳴舎．

田中康雄（2011）発達支援のむこうとこちら（こころの科学叢書）．p18，日本評論社．

大神英裕（2008）発達障害の早期支援―研究と実践を紡ぐ新しい地域連携．p81，ミネルヴァ書房．

第2章

保護者がわが子の「特性」に気づくとき

——健診から療育へ

市川奈緒子

1 はじめに

乳幼児を育てる保護者の支援は，その子どもの「親」としてのスタートの支援と，その子どもを含めた家族としてのリスタートの支援が基盤となる。障害の中でももっとも見えにくいものの1つであろう発達障害の特性を持つ乳幼児の育児は，場合によってはそれらのスタートを非常に困難なものにする。

この章では，そこでは何が起こっているのか，そうした事態に対して支援者は何ができるのかについて考えたい。

2 発達障害の特性を持つ乳幼児の保護者の心理

(1) 育児困難と虐待

一般的に，発達障害の特性は（乳）幼児期に顕在化し，しばしば日々の生活に支障を起こす。たとえば，生活リズムが乱れ，睡眠障害になる。また，感覚の過敏から極端な偏食を起こしたり，特定の音に極度の恐怖を示したりすることもある。身に着けるものや道順や順番などに強いこだわりを示し，こだわりが満たされないとパニックを起こす。呼んでも振り向かない，スキンシップをいやがるなど，親にとってもコンタクトの難しさがある。多動で目が離せず，いけないことを言い聞かせても繰り返しおこなってしまうなどである。

親子の愛着関係は，親と子の相互交渉で培われていくものである。しかし，発達障害の傾向を持つ乳幼児と親の間には，適切な相互交渉がなかなか成立しないことがある。しかもこうした子どもの行動の背景にあるのが「発達の特性」

であることがわかりにくく，育て方やしつけの問題に見える。親子の愛着関係を紡ぐ難しさと，日々の育児の失敗や困難は，親を不安に陥れ，親としての自信や喜びを奪っていく。だから，子どもの持つ発達障害の傾向は，適切な支援が入らないときに虐待の大きなリスク要因となる（杉山，2007）。

（2）障害受容

子どもの障害を親が受容する過程については多くの仮説が存在する。ドローター(Drotar, D）らの段階説（図2-1）は，親はショック，否認，悲しみと怒りの段階を経て，適応・再起つまり障害受容の段階に至るとする説である。一方，オーシャンスキー（Olshansky, S）は，親は表面的には明るく見えても，つねに悲哀を抱えており，就学などの節目の時期にそうした感情に繰り返し苦しむという「慢性的悲哀」という概念を唱えた。それらを統合し，また自身の臨床経験より，中田洋二郎は，親は子どもの障害を肯定する気持ちと否定する気持ちがコインの表裏のように入れ替わるという螺旋形モデルを提唱している（中田，2009）。

ドローターらがモデルとしたのは先天奇形の子どもだが，障害がよりわかりにくく，診断告知に至るまで長い期間を要する発達障害の場合，保護者の障害

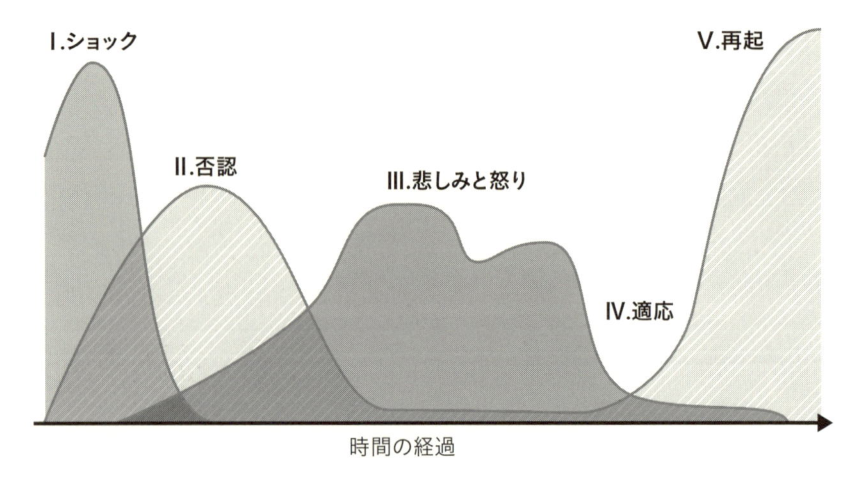

図2-1　障害受容の段階的モデル（Drotarら，1975）

受容の心理過程はこれら従来のモデルでは説明することが困難であり，ショックではなく，わが子が何かほかの子どもと違うものを持っているのではないかという「不安」から始まることが知られている。

また，こうした障害受容の過程に影響を及ぼす要因として，子どもの特性，診断告知の在り方，親の内的要因，家庭環境，ソーシャルサポート，家族のライフステージなどの要因があり，たとえば診断告知の際の医師からの丁寧な説明やその後の適切なソーシャルサポートは，親の障害受容の過程を大きく支えることが明らかになっている。

では，次のような問いにあなたはどのように答えるだろうか。

> A町は，ノーマライゼーションが進んでいて，車いすでもどこでも行くことができ，就学でも就労でも差別のない社会である。B町は，車いすとそれを使う人たちに対して一切の配慮のない町である。2つの町でそれぞれ歩けない子どもが生まれた。彼らの両親の障害受容の過程はどのように異なるだろうか。

だれもがこの問いに対して，A町よりもB町の子どもの両親の方が障害受容は困難だと答えるだろう。つまり，親の障害受容は，その社会が「障害」をどのように認識しているかに大きく左右される。親の障害受容をもっとも大きく阻んでいるのは，我々を含めたこの社会であることを忘れてはならない。

3 健診と発達相談

(1) 健診と発達障害

1961年に始まった3歳児健診は，当初は子どもの栄養状態や身体の病気の有無のチェックが主目的だったが，1963年には障害の発見も目的に組み込まれた。その後，1977年にはやはり障害の早期発見・早期対応を目的に1歳半健診が制度化された。こうした乳幼児健診システムは，確実にわが国の母親と子どもたちの健康を守り，乳幼児の死亡率の低さはつねに世界でトップクラスにあるのは周知の事実である。近年は虐待リスクの発見にも活用されている。

発達障害に関しては，2005年の発達障害者支援法の中に，健診で発達障害の早期発見をすべきことが明記されており，早期発見・早期対応の全国的な流れの中で，できるだけ早い時期に何をチェックすれば発達障害が早期発見できるのかというテーマで研究が積み重ねられてきている。

しかし早期に発達障害の傾向が発見されても必要な支援が追い付いていない現状がある。保育園の待機児が社会問題になっている昨今だが，療育機関の待機児問題はより深刻である。入園が何か月も待たされたり，必要な支援が量的質的に不足している状態が慢性化していると言っても言い過ぎではない。

(2) 健診と発達相談でおこなえること

多くの保護者にとって健診は，公的な場にいる「専門家」との初めての出会いであり，母子保健サービスや地域療育サービスの玄関口でもある。

発達障害を持つ子どもの保護者の多くは，診断や他者から指摘されるより前にわが子の特性に気づいているという調査結果がある。気づいてから診断されるまでの期間が，子どもの障害を疑い，打ち消し，そのような自分自身を責めながらの，もっとも苦しい時期であったと述懐する保護者も多い。保護者は，目の前の健診スタッフが自分の悩みを話しても大丈夫か（傷つけられないか，受けとめてもらえるか）が不安なのである。だから，ときに保護者はスタッフに対して自分の悩みを話してもよいかどうかの「試し」を行う。

筆者が3歳児健診で出会ったある母親は，落ち着きのないわが子の姿を見ながら「私は以前保育士になろうと思っていた。でも子どもを産んでみると自分は子どもは嫌いだということがわかったんですよ，ハハハ！」と明るく笑って見せた。この母親の痛みを感じた筆者が「お子さんは初めて会った保健師と仲良く遊べていますね。お子さんとお母さんとの関係がとてもよいからでは？」と述べた途端に，母は涙を流し，実はわが子は自閉症ではないかと疑っていたことや子育ての悩みをとつとつと話し始めたのである。

健診が「障害」の早期発見だけを目的とすると，子どもを見るときに「障害」の片鱗や発達的なマイナス点を探す視点にスタッフが偏りがちになる。スタッフの持つマイナスの視点を，とくに傷ついてきた保護者ほど敏感に感じ取り，いっそう傷つけられないように壁を作ることにつながる。

また，乳幼児期は発達の可塑性の大きな時期であり，発達像も大きく変わる可能性がある。そうしたことを踏まえて，健診と発達相談の機能は，保護者との信頼関係を紡ぎつつ，そのときどきに必要な支援を提供し，次の支援を保護者が主体的に選び取っていくことを支えることである。

したがって健診におけるアセスメントは，子どもの「障害」を見つけるものではなく，子どもの発達状況と保護者の育児状況を総合的に判断できるものでなくてはならない（図2-2)。これをもとにスタッフは，保護者と子どもの生活を具体的にイメージし，保護者の思いに近づいて，そのニーズを把握し，保護者にとって実行可能で生活に役に立つアドバイスを提供する。こうした関わりの中で初めて保護者は，出会った専門家たちは自分と子どもの味方であり，信頼に足るものであると感じることができる。保護者が必要な支援につながれるために大切なことは，本来こういうことであって，保護者に対して「障害」を認めさせることではない。

健診は公的な制度であり，事実上保護者の自発的な選択で受けるものとなっていない。だからこそ，保護者の主体性を大切にする姿勢が求められる。

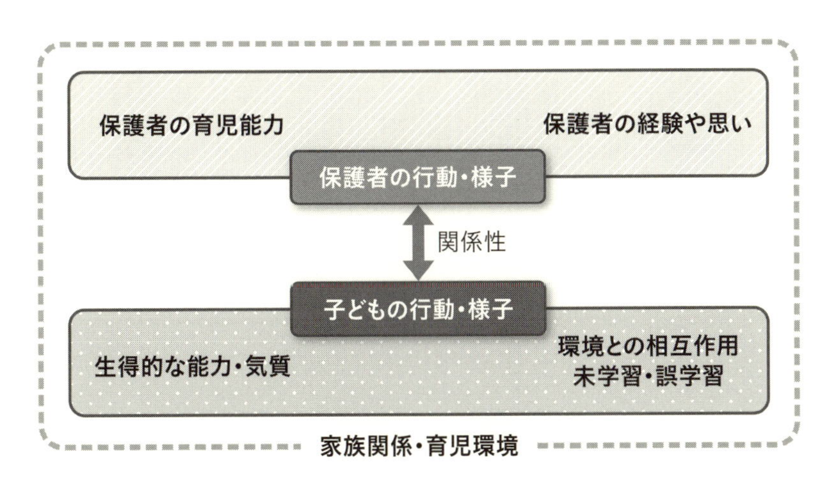

図2-2　全体像を把握する（市川, 2005）

（3）親子教室・親子グループの機能

健診後，必要性が認識されても療育までに時間のかかる場合が多く，可塑性の高い子どもの発達の経過を追う必要性もある。そうした親子のための健診後の親子教室・親子グループが各地で営まれている。

これらは決して，「保護者に障害を認識させるための活動」でもなければ，「障害かどうかを判断するまでの経過措置」でもなく，まぎれもなく療育に連なる発達支援・家族支援である。つまり，子どもには必要な活動・対応・環境が提供され，保護者には子どもを理解し，具体的な対応を学ぶ場であるとともに，同じような悩みを持つ仲間にも出会える場となる。地域の療育機関のスタッフがグループに入れば，保護者は出向かなくても療育機関の専門スタッフに出会うことができる。保護者にとっては，療育機関への不安を低減し，療育が何か特殊なものではなく，楽しく子どもの成長発達に有効な活動であることを実感できる場ともなる。

保護者は，わが子の「問題」が理解できたときに療育機関に行くのではない。療育がわが子を成長させると感じたときにこそ療育機関に行くのである。

4 療育機関に通う保護者

（1）保護者の思い

以前，自閉症の子どもを持ち，5年間療育施設に通ってきていた母親が「この子のことはとってもかわいい。でもいけないと思うんだけど，この子といるとうんざりしちゃうんです」と，筆者との付き合いの中で初めて涙しながら語ったことがあった。この「うんざり」のことばに，この母親が，いとおしいわが子をうとましくも思ってしまう自分自身との長く苦しい闘いが透けて見えて，ことばを失ったのを憶えている。

一般の子育ての中でも，母親が子どもを「うんざり」と感じてしまうことなど多々あるものである。しかし，障害を持つわが子に対してうんざりする気持ちは，親にとって「障害を持つわが子」の認められなさとそうした自分自身の罪悪感とに重ね合わされ，許し難く，認め難い思いとなるのかもしれない。だから，障害を持つわが子への否定的な思いはなかなか語られないことも多い。その背景には,「障害児を持つ親（とくに母親）はわが子を受け入れて努力して育てなくてはならない」という世間からの有形無形のプレッシャーもあることが考えられる。

しかし，子どもへの否定的な思いを親が自分の中で抑圧してしまうと，肯定的な思いまで育たなくなってくる。親の子どもに対する思いは，障害のある子どもであろうとなかろうと，肯定的な思いと否定的な思いを縦横の糸のようにつむぎながら醸成されていくものである。子どもへの罪責感の強さから，親が否定的な思いを抱く自分自身を否定してしまうと，いつまでも不全感に苦しみ，親としての自らの成長や喜びを感じられないままになる。

ある保護者は療育機関に通うことを,「自分の子どもに『障害児』のレッテルを自ら貼るような気がした」と述べた。そうした大きな葛藤をいくつも抱えながら保護者は療育機関に辿り着く。療育機関を訪れた保護者は，障害に対して何か吹っ切れたものを持っているようにとらえられがちだが，一人ひとりの思いは千差万別である。保護者にとって療育機関で療育を始めることは，到着先の見えない孤独で不安な旅の始まりのようなものかもしれない。

（2）療育機関における保護者支援

療育機関の第一の機能は子どもの発達支援であり，保護者の望みも子どもが成長発達することであるから，そこに応えられる専門性と療育の質と量の確保は，保護者支援の上でも最優先事項である。それを確保した上で，療育機関ならでの保護者支援とは何だろうか。

①保護者を孤独にさせない支援

保護者同士のグループ活動や父母会活動，各種の行事などの保護者の仲間作りは療育機関のできるもっとも大きな保護者支援の1つである。そうした仲間の中で，保護者は自分の子どもに対する否定的な思いをも表明でき，共感してもらう経験もしながら，自分を受け入れる。保護者にとっては，子どもを受け入れることと自分自身を受け入れることは同じことの表裏である。なかなか登場できない父親の参観日を作って夫婦で話し合う機会や父親同士知り合うきっかけ作りなど，夫婦で理解し合える機会を作ることも求められる。

②保護者が親としての自信をはぐくむための支援

日々の療育やアセスメントなどのフィードバックは，保護者の子ども理解のための重要なツールである。また，親子での療育参加や保護者向けの勉強会，対応の仕方をプログラム化したペアレントトレーニングなどもある。

③保護者が地域で自立できるための支援

保護者が地域のリソースを活用したり，わが子のことを人に説明したり委ねる経験を重ねながら，地域で仲間や理解者を作っていける力の育成である。

④保護者がほっとできる支援

保護者は子どもを抱えながら嵐の中をようやく療育機関まで辿り着くような思いをしているのだから，まずは「ここに辿り着いてよかった」と思ってもらえるような「出迎え方」が大切である。保護者が「味方になってくれる人や傷つけられまいとガードしなくてもよい場所に来た」と思えるような雰囲気が保護者支援の基本である。これは本来療育機関に限らないのだが，あえて入れておきたい。保護者は，さまざまな機関に行くことを求められるが，どの機関で「よく来てくれましたね」と言って迎えてもらえているだろうか。

5 おわりに

「はじめに」で乳幼児期の保護者支援は，家族としてのスタートの支援であると記した。スタートであるから，どの保護者も自信がなく，知識もスキルも持っていない。そのような「途方に暮れた」状態の人たちだからこそ，乳幼児期の支援では，保護者が自らの中にも子どもの中にもかけがえのないパワーを見出し，自分と子どもの将来に希望が持てるような支援をおこないたいものである。田中康雄は，本当に支援すべきなのは「発達障害」ではなく，彼らが生活する上での困難つまり「生活障害」であると述べた（田中，2014）。あくまでも生活する主体者としての保護者と子どもが中心であること，彼らが胸を張って楽しく日々生活していける支援が，どの機関においても基本となることを心しておきたい。

【引用・参考文献】

中田洋二郎（2009）発達障害と家族支援．学研（P25, 図 9-1）
杉山登志郎（2007）子ども虐待という第四の発達障害．学研
田中康雄（2014）発達障害児である前に , ひとりの子どもである．汐見稔幸監修．発達障害の再考．風鳴舎
市川奈緒子（2005）発達障害児とその家族へのサポート．田中千穂子・栗原はるみ・市川奈緒子編著．発達障害の心理臨床．有斐閣（P99, 図 9-2）

第3章

地域の小児科診療室で出会う親子の姿から

堀口貞子

1 北のはずれの小児科クリニック

北海道の東の端，釧路の小児科は朝から賑やかだ。

待合室には冷えピタをおでこに貼った赤ちゃんや登園前の幼児が母親と座っており，その泣き声や母親のあやす声が診察室まで聞こえてくる。あっ！またあの子が来てる。走り回って，ほらまたお母さんに叱られた。でもあの様子じゃたいした病気じゃないなと，ひとまずホッとしたりする。

そんな中に「あら～，よく間に合ったね～。道，大丈夫だった？」とケースワーカーのＫさんの声が聞こえる。今日の発達外来の最初の患者さんは90キロメートル離れたＮ町のお子さんで，先日まで雪で道路が通行止めだったからである。Ｎ町の3歳児健診でことばの遅れと落ち着きのなさを指摘され，保健師さんからの紹介で受診となった。出迎えたＫさんに案内され，発達が気になるお子さんを診察する通称「トトロの部屋」に入っていく。トトロの部屋には子どもの相手をする専属のスタッフがいるので，まずはそこに親子で入室してもらい「よく来てくれたね～，大変だったでしょう」と軽い世間話から始まり，子どもが慣れてきたら家族だけを隣の相談室にいざなう。それからケースワーカーのインテークが始まり，母親の緊張も解けて笑い声が聞こえてきたあたりで，さて，そろそろ私も顔を出そうかなと腰を上げる。

北のはずれの小児科の発達外来が，こうして今日も始まるのだ。

2 発達障害のある子もない子も

北海道の道東地域の医療事情は，他の地域とは違ってかなり特殊である。

まず，一人の小児科医の守備範囲がとてつもなく広い。疾患の種類や人数のことではない。面積のことである。たとえば，釧路市と東隣の根室市は120キロメートル離れており，反対の西の隣の帯広市とも120キロメートル離れている。だから120キロメートルのコンパスでぐるっと円を描いた部分，四国よりやや狭いくらいのところが，日頃の私たちの診療範囲となる。もちろん，小児科診療所は他に数軒あるし，総合病院だって釧路に2つはある。しかし，医師の他に発達障害のお子さんを診療するスタッフが配置されているのは，当院と市立病院の2か所だけなのである。では，当院では予約制の発達外来のお子さんのみを診療しているのかというと，そうではない。普通の小児科と同じ外来診療も行っている。

それでも初めて発達の相談に訪れるお子さんとは時間をかけてじっくりお会いしたいし，家族とも話したい。そのため予約制にしているが，時には3か月待ちになってしまい，雪で道路事情が悪化した時など，やむなくキャンセルされる方もいて，本当に「はるばる来てくださったんですね」と声をかけたくなるほど，専門外来が文字通り「遠い存在」なのである。

一方で，普段の診療の中でも視線が合わなかったり，舌圧子を異常に嫌がったり，診察机の上の物をあっという間に触ったり，「あれ？」と発達が気になるお子さんも少なくない。そんな場合はそれとなく「市の健診で何か言われた？」と聞いてみたりするが，親御さんがあまり気にしていない場合は，ちょっと言い出しにくい。これは多分，健診や保育の現場などで担当者が「お母さんにお伝えしたいけど，なんて話せばいいだろう……」と思い悩むのと同じである。

そういう意味では，医師というのは楽である。なにせ向こうから悩みと質問を持ってきてくれる。「なんでうちの子は皮膚がこんなにカサカサなの？」「寝る前にいつも足が痛いと言うのはどうして？」など，何らかの質問と，何とかしてほしいという要求をたずさえて来院するのだから，まずはそれに答えれば良い。そして，彼らが何より知りたいのは「これは心配すべき症状ですか？　それとも心配しなくてもいい状態なのでしょうか？」ということなのである。

それはまた，発達外来でも同様である。「この子の発達の問題は，心配すべき状態なのでしょうか？　それとも，ただ遅れているだけなのでしょうか？」親御さんの知りたいことは，第一にそれなのだ。そして，次に知りたいことが

「親である自分は何をすればいいのか？」なのである。

3 医療者として，親として

発達外来で最初に親御さんと接するのは，ほとんどの場合ケースワーカーのKさんである。Kさんは，実はもともと発達外来に通っている患者さんの母親だった。お子さんを通わせているうちに，Kさんが以前，知的障害者施設の支援員であったことを知り，病院職員としてスカウトした人物である。だから新患の親御さんの話を聞く時など，時々完全に同じ母親目線になっていることがある。「ずっと気になっていたんです。でも怖くて病院に来れなかった……」と泣く母親に，「大丈夫，私も最初泣いたもの。お母さん，今日は思いっきり泣いていいから，明日からやれることやってみよう。私たち一緒に考えるから！」と声を詰まらせながら話しているのを聞き，Kさんに働いてもらって本当によかったと思うのである。

子どもを診療したり支援したりする立場の人間が，同じような発達障害の子どもを持つ親であることを一つの武器として接することを，「専門家らしくない」と感じる向きもあるかも知れない。でも，私はそうは思わない。

多くの子どもと接する機会のある人が発達障害の子どもに会えば，何か，それらしいものがあるということは，たいていすぐ分かるものだ。しかし難しいのは，それを親に正しく伝えることだ。さらにこの先の見通しを示し，そして何をしていけばいいのかを伝えるのは，決してたやすいことではない。

それを伝えるためには，以前に同じ思いをした経験が役に立つ。あの時自分は何で辛かったのかを覚えているから共感できる。自分は何を知りたかったかを覚えているから相手に必要なことを伝えることができるのではないだろうか。まさにそれが当事者の強みなのである。

「お母さん，あなたのせいでこの子がこうなったんじゃない。でもね，今日からはあなたがうまく育てていかなければならないの。そのためにはね，少しコツがいるのよ。それを教えるために私たちいるんだからね」と，力強いKさんのことばに，お母さんは何度も何度もうなずいていた。

4 連続性の中の子どもたち

すぐそれと分かる発達障害のお子さんの場合はあまり悩むこともないのだが，最近は「う～ん」と考え込むケースが，実はとても増えている。

ある日のこと。3歳の男の子が風邪をひいて来院した。名前を呼ばれるとすぐ診察室に飛び込んできて，机の上の物を触り始める。母親はおもむろにスマホ片手に入室し，子どもに声をかけるでもない。ようやく看護師が子どもを椅子に座らせ，診察が始まる。子どもに「何歳？」と聞くと指を3本出す。あ～，聞かれたことは分かるんだ，と思う。「お母さん，3歳児健診で多動だね～とか言われた？」と聞いてみる。「いえ，何も」とそっけない。幼稚園ではいい子なんだとか。母親と一緒に居るといつもこうなのだと言う。う～ん，微妙だなぁと思って診察を終えたが，その後も気になって仕方がない。

またある時は10か月健診で来院したお子さんがお座りはできるのに寝返りをしない。支えて立たせれば立つのにハイハイはしない。お尻で移動するわけでもない。何とも発達がチグハグだが，母親のことは見分けるからいいのかなぁと思いつつ，やはり気になり「赤ちゃん教室（ポーテージプログラム）」に誘ってみる。

このように，完全に逸脱しているとは言えないが，定型発達とも言い切れない「気になる子」が最近増えていると感じるのは，おそらく私だけではないだろう。そして発達障害の子どもというのは，実はこの一見普通だが気になる子どもたちの延長線上にいるのだ。まさにスペクトラムである。

小児科というのは，いつもそういう連続性のある子どもたちをみている。定型発達の子から発達障害の子への横の連続性もあるし，一人の子どもの中の定型な部分と発達障害的な部分との連続性，そして一人の子どもの成長の過程の時間的連続性である。そして小児科医は，そのどこの部分からでも関わることができるという特性を持っている。その気になれば0歳から成人するまで継続的な関わりをもつことだってできる。だから，発達障害と診断する以前でも，予防的な関わりを持つこともできるし，しなければならないと考えている。

具体的には，乳幼児期からポーテージプログラムなどを使って，お母さんに赤ちゃんとの関わりを教えたり，また，ペアレントトレーニングを数人のグループごとに実施したりしている。しかし，これらのプログラムにはどうしても人数的な制約があるため，やはり日頃の診療の中で，予防的な観点で親子に接することが，「発達外来」を訪れる子どもたちに対応するのと同じくらい重要なことと考えている。そして，そのように継続的に関わることで，子どもたちの予後の予測が可能となり，発達障害の「見通しを立てること」に役立つことになるのである。

5 発達外来で人生相談

この地域の特徴の一つに，一人親の多さがある。乳児健診ですでに一人親になっていることも，そう珍しいことではない。貧困問題も切り離せない。DVもある。少子化の中，ようやく誕生した子どもたちの生活環境が，とても厳しいケースが少なくないのだ。一人親に限らず，そういう難しい環境で育つ子どもが，のちに問題を抱えて発達外来を訪れることがある。発達外来で扱う問題は，決して「発達障害」だけではないのである。

またKさんが頭を抱えて診察室に入ってくる。発達外来でフォローしていたあるお子さんの母親が，DVから逃れて子どもを3人抱えてシェルターに駆け込んだと言うのだ。そう言えば，だいぶ前から，そのお母さんの悩みは子どものことより夫のことになっていたっけ。避難先の近くに病院を探して，すぐ紹介状を書くことにした。しかしさらに面倒なことは，それをまだ離婚調停中の夫に気付かれてはならないことだ。紹介作業は，極秘裏になされなければならない。夫側の弁護士との攻防も続く。夫側が親権を求めて戦う姿勢を見せてきたからである。「DVなのに？　裁判所から接見禁止命令も出されてるのに～」と，私とKさんは絶句する。いつの間にか，子どもの発達障害の問題が，夫婦間のドロドロの離婚問題にすり替わっていく。人権派弁護士さんにもアドバイスを求める。私たちだけではどうにもならない。こういう時こそ連携である。何とか子どもたちの成長を願いつつ，次の支援者へとバトンを渡す。これも，発達外来の重要な仕事の一つなのである。

また，子どものことを話しているうちに，大人の診察を頼まれることも少なくない。確かに，話していれば，お父さんも同じ特性を持っているな，と思うこともあるし，母親自身が当事者なんだと感じることもある。だけど，私は小児科医だし，極力親御さんの診療は断っている。しかし，子どもの育つ環境を整えようと思えば，親御さんの精神的ケアは欠かせない。

そこで再びケースワーカーのKさんの登場となる。時には大人の発達障害の相談システムを紹介したり，親御さんが心療内科や精神科を受診するための情報を伝えたりもする。また生活保護課や子ども家庭課などと頻繁に連絡を取り合い，時にはケース会議に参加する。子どもの発達の支援が，いつのまにか大人の支援になっていて，発達相談が人生相談になっていることは，決して珍しいことではないのである。

このように，私が主に院内で子どもたちに対応するのに対し，ケースワーカーは主に親と向き合い，さらに院外の関係者と繋がる役目を担った，いわばクリニックの顔のような存在なのである。

6 連携の大切さ

発達外来を行うにあたり，忘れてならないのは「連携」である。地域の保健師さん，幼稚園や保育園，発達支援センター，児童相談所，教育委員会，学校，就労支援センターと，あげればきりがないが，みなそれぞれの特性を生かし，日々子どもと親に向き合っている。そして他の医療機関との連携も，忘れてはならない。

ある日，またまたKさんが頭を抱えながら私に言った。「今日の新患のお子さん，かなり重度の自閉症なのですが，現在両親別居中の実質父子家庭で，東北から手伝に来てくれているおばあちゃんといらしてるんですけど，お父さんは仕事あるので，療育施設に通わせられないとのことなんです」「え？　じゃあ今はどこに通ってるの」「普通の幼稚園に延長保育で夕方まで預かってもらってるんですって」「わ～大変そう！　しかももう年長さんで，来年は小学校じゃない！」「そうなんです……どうしましょう？」

そこから，Kさんと私の「連携大作戦」が始まった。

まず，私は祖母の了解を得て幼稚園へ電話をかけた。するとちょうど担任の先生が出て，彼女たちも対応に苦慮していたとのことで，早速「私立幼稚園管理運営費補助金申請」用の判定書を書くことにした。さらに市の発達支援相談室から幼稚園訪問をしてもらうよう進言し，たまたま発達検査にキャンセルが出たので検査を試みたが，自閉が強く判定不能で，知的にも重度であることは明確だった。Kさんは，来年の養護学校入学をみこし，就学指導委員会を受けるよう祖母に説明を始めた。同時に，幼稚園からの送迎をしてもらえる児童デイサービスに利用ができるか問い合わせ，障害福祉サービス受給者証を取得するための手続きと計画相談の申し込みの説明を行った。

「先生，児童デイサービスにすぐ通える手配をしたので，判定書をもう一枚書いてください！」

「了解！」

その間，別の職員がトトロの部屋で当人と遊んでいる。祖母は数日後には東北に帰らなくてはならず，できるなら今日中にできることをやっていきたい様子だ。「何とかします！」というKさんの力強い言葉に安心したのか，「離婚調停中だから保育園もダメだって言われて。療育センターは最初は親がついて行かなくちゃならないから，息子は仕事で行けなくて，これもダメで。この病院にたどり着くまでが，本当に長かったんです」と，涙ぐみながら複雑な家庭状況を語るのだった。しかし，何とか段取りもつき，次回の予約も入れて「大丈夫，何とかします」と，ようやく二人を見送ることができた。

一つのクリニックでできることはわずかだが，周囲と繋がることで，何とか子どもたちの環境を整えることが出来る。そのためにも，院内連携はもちろん，院外との連携が今後ますます大切になると思われる。

7 医療の役割

連携は，それぞれの職種が，お互いの立場や役割を理解し，尊重しあいながら，自分の役割を真摯に遂行することによって成立するものだと思う。

では医療に求められる役割は何であろうか。まずは「見立て」，すなわち「診断」である。次は病状の程度の評価，「アセスメント」である。そして次に「手だて（治療）」ということになるが，もう一つ忘れてならないのは「見通し（予後）」を伝えることである。

赤ちゃんが突然の発熱で来院したとしよう。熱が39度もあるが比較的元気でミルクの飲みも悪くない。身体の異常所見もない。「これは多分，突発性発疹ですね」と告げる。すると，経験のあるお母さんは「突発ですか。良かった」とホッとした顔をする。それは，3日くらい高い熱が出るけど下がって発疹が出ればそれで終わる疾患で，大きな心配のないことを知っているからである。すなわち，その疾患の見通しが持てているのである。

発達障害も同様である。お子さんに発達の心配があると言われた時，母親は「この先どうなるの？」と不安でいっぱいになると思う。今のことだけでも分らないことだらけなのに，親というのは，学校は？　仕事はできるようになるの？　結婚は？……と，先々のことまで心配するものである。それはやはり，できることなら見通しを持って子育てしたいと思うからである。

さらに，子どもと日々暮らしていると，熱が出たり湿疹ができたり，子ども全般に起こり得る問題が次々と湧いてくる。そして，発達障害に関連して起こる可能性のある問題，たとえば爪先立って歩くとか便秘がひどいとか，夜いつまでも寝ないとか，それらの心配事が全部いっぺんに襲ってきて，ますます親を混乱させ不安に陥れる。だから私たちは，できるだけそれらの問題に優先順位をつけ，どこから解決していったらいいのかを，分かりやすく伝え，必要な時には治療を行う。それも，医療に特有の大切な役割だからである。

8 発達障害の子を育てる親の気持ちと向き合う

私は発達外来で親御さんに会う時，診断名を告げたり，その症状の重さ軽さを説明したりするのと同時に，もし知りたいと思うなら，なるべくそのお子さんの大きくなった時の姿を想像して伝えてあげるようにしている。もちろん，一人ひとりの子どもの症状は違うし，「発達障害」だからと，ひとくくりに語ろうと思っているのではない。また，今後の関わり方や教育によって，子どもの状況はどんどん変わっていくことも承知している。それでもあえて，予想できる将来像，それも子どもの可能性について教えてあげたいと思っている。そして「発達障害があるからと言っても，実は普通の子育てとそれほど変わらない」ということを伝えたいのである。

それは，私自身も30歳になる発達障害を持つ子の親だからかもしれない。
娘は昨年，調理師の国家試験に合格し，飲食関係の道を歩き始めた。
28年前，悩める一人の母親だった私には，今の娘の姿は想像できなかった。それでも診断を受けた時，これが自分の子育てのまずさからくるのではないと言われて，涙が出るほど嬉しかったことを覚えている。そして「これからはあなたしだいだ！」と言われて，前に進む覚悟ができたことを忘れない。
だから私にとって，発達障害の子を育てる親の気持ちと向き合うこととは，あの時の自分と向き合うことである。あの時，言ってほしかったことを私は言おうと思う。あの時，知りたかったことを私は伝えたいと思う。
しかし，人の感受性はそれぞれである。みんなが私のように感じ，考えるわけではない。だから，私は一人で抱え込むことはしないようにしている。他の人の力を借りる。私の代わりに助けてくれる人，支援者を探す。それがすなわち「連携」だと私は考えている。そして，支援者に必要なことは，「何に困っていて何を必要としているのか」，当事者の多様なニーズに気付く感受性であり，当事者目線の想像力なのだと，私は思うのだ。こちらが持っている教科書的な知識をこちらのペースで押し付けることではなく，時には当事者から学びながら，連携すべき相方の立場にも想像力を働かせることができる，そういう人が真の「支援者」なのだと私は思うのである。

さあ，明日はどんな親子との出会いが待っているのだろうか？
北のはずれの小児科クリニックの，長い一日が今日も終わろうとしている。

第4章

保育園・子育て支援センター・発達支援センターでの保護者とのかかわり

藤田晴美

1 はじめに

私は，北海道の小さな町の子ども発達支援センターで働いている。これまでに精神科病院や子育て支援センター，小児科病院などで勤務してきた。保育士，発達相談員，発達障がい専門員などいろいろな立場で保護者や関係者，子どもたちと関わってきた。本章では，いくつかのエピソードを通して，保護者への支援について考えてみる。

2 保育園で作られた保育士との信頼関係は就学後に生かされる

動きが多く，虐待の可能性も心配されていた4歳児のＡ君。母親はシングルマザーで，夜の飲食店の仕事をしていた。保育園の発表会の前の日も飲みすぎて起きることができずに，子どもの発表会の時間に来ることができなかった。

保育園では，主任と担任が相談した。

「お母さんはきっと悪かったと思っているはず。遊んでいたのではなく仕事で来られなかったのだから，お母さんには発表会のことは言わないでおこう」

「『発表会の時，Ａ君すごくがんばっていたよ』と言うことで『なぜ，見に来なかったのか』と言われているような気持ちになってしまうと思う。きっと発表会のことは子どもから聞いていると思うし，『なんで来なかったの？』と子どもに責められているだろう」

相談の結果，保育園としては見守っていることにした。

もともと母親自身あまり人と上手に関われない傾向があったが，このような母親の気持ちを汲んだ対応を続けるうちに，母親は主任の保育士に何でも相談するようになっていった。A君が小学生になってから勉強についていけなくなったときも相談に来ていた。その後，A君は特別支援学級の在籍をとって元気に学校に行っている。

幼児期に障害があるかどうかを伝えられなくても，保護者との信頼関係を作っておくと「困った時にあの時の先生に相談しよう」と思えるようになるし，卒園した保育園を訪れることもできる。幼児期の保護者に必要なのは，子どもに障がいがあるかどうかの判断ではなく，困った時に話を聞いてくれる保育士の存在ではないだろうか。

3 子どもを応援することが, 保護者の活力を生み出すことにも

肢体不自由のB君が年長児クラスの時，キャンプや山登りがあった。B君はみんなと山に登りたいと訴えた。先生たちは行けるところまで自分の力で行き，山登りはおんぶをすることにした。幼児と言っても背中に5歳の子どもを背負って山登りをするのは危険でもある。事前に職員での打ち合わせをして当日を迎えた。保護者も心配と申し訳ないという気持ちでいっぱいの様子だったが，担任達は笑顔で「大丈夫です」と遠足に出発した。

帰ってきたB君は喜びと自信に満ちた表情でいっぱいだった。子ども自身が「がんばろう」「みんなができること自分もやってみたい」と思った時に，それが実現できると，生きる力が育ってくる。

幼児期の子どもは隔てなく友達を受け入れる純粋な気持ちの持ち主である。保育者が，B君を「できない」ととらえるのではなく，「B君ができるようになるにはどんな工夫をしたらいいのか」ということを常に考えている姿を見て，クラスの子どもたち，保育園全体の子どもたちの中に「B君は障害のあるB君」ではなく「クラスの仲間のB君」という意識が自然に高まっていた。

保護者はこのB君の周りの子どもとの関係を見て「本当にありがたい。障害があるないということを感じさせない先生たちの関わり方に本当に感謝します」と言っていた。本当は大変でつらい日々を送っていたはずの保護者がいつも保育園の行事には笑顔で積極的に参加してくれていた。

みんなと一緒に運動会，山登り，散歩，発表会と参加できたということは，B

君にとって大きな達成感になっていたが，その姿を見ることが保護者にとっても生きる活力になっていったのだと思う。

B君は肢体不自由のお子さんだったが，発達障害の子どもについても，同じことが言えると思う。どうしたら子どもが一緒に活動できるか保育者が考えて工夫する。そして，いっしょに生き生き活動できている姿を保護者に見せることが，保護者を支援することになる。

4 子どもの特性に合わせた保育者の工夫を見ることで，保護者も，子どもに必要な対応を考えられるようになる

3歳から保育所に入所したC君は引っ込み思案で，いつも先生のそばにいるか，一人でぽつんとしているかで，他の子と一緒のことができなかった。時々隠れて担任の先生をじっと見つめているときもあった。話し方が一方的で友だちとは遊ぶことがなかなかできなかった。クラス会議では常に保育所でできることは何かと話し合いながら対応していた。保護者にはできたこと，頑張ったこと，時にはけんかして失敗したことなどを伝えるようにしていた。

運動会や発表会の時には緊張し，担任と手をつながないと参加できないこともあった。保護者が見てがっかりしないように「練習の時はがんばっていたけど本番に弱かったね」など言葉を選びながら伝えていった。

能力が高いことは関わっていてもわかったが，一方的で周りの状況が理解できず，見通しを持って行動できない状況もあった。そんなC君が安心して過ごせるよう保育園全体で環境を整理して対応した。

- 集団に入れずにいる時には「みんな○○しているよ」と声をかけ無理に集団には誘わず自ら入れるのを待った。時々「気にしているよ」とわかるように声をかけた。
- 新しい取り組みの時には一人で練習ができるように主任が別室で対応することもあった。
- 行事への参加は保護者と毎年少しずつ参加できるようになるとよいという確認をした。保護者が「子どもがうまく参加できなかった」とがっか

りしないように練習と本番の違いを保護者に伝え続けた。

など，不安が強くなることを事前に予測しながら対応をした。

年長になった時に，保護者から「このまま小学校に入学して大丈夫だろうか」と担任に相談してきた。保護者の心配な点を丁寧に聞き，今までの保育園での様子を伝えた。その後，病院受診，就学支援委員会への相談につながり，小学校は特別支援学級の在籍をとることになった。

保護者は，子どもの発達に何か課題があるのかもしれないと感じていても，そうは思いたくない，相談した結果なんらかの障害を指摘されるのは怖い，という気持ちもあるものである。保育者が子どもへの対応を工夫してくれていること，その工夫を随時伝えてもらい，その対応が子どもによい影響を与えていると実感できたことで，次に進む小学校においても，その対応を続けてほしいと考えるようになり，新しいステップを考えることができたのだと思う。

5 子どもへの支援を，保護者も交えて一緒に考える

子育て支援センターに遊びに来ていたＤ君は多動で，お母さんは汗をかきながら後ろからついて歩いていた。3歳で保育園に入園したが，集団生活になじめずパニックになり，時にはおもちゃやいすを投げてしまうこともあった。

園内で対応を検討し，担当を一人つけ，まずは，マンツーマンで対応することにした。遊びや給食は他の子どもたちと一緒にするが，お昼寝は担当と2人で寝るようにする，などから取り組んだ。

保育園で検討したＤ君の実態と対応の方針は以下のとおりである。

【環境の変化に弱い】

・環境に慣れるまで，写真や絵を使って言葉と視覚的に理解できるカードを使用した。

・担当の保育士が周りの子ども達の様子を実況中継のように「○○君が△しているよ。楽しそうに笑っているね」「お片付けが終わったら給食の時間だよ」と次に何をすればいいのかを短い言葉で伝えた。

・帰る前には次の日の予定を伝え，見通しを持って登園できるように伝えた。天気に左右される内容は伝え方を考慮した。

【お昼寝ができない】

・ざわざわする中でお昼寝をするのは難しい。まずはお昼寝の時間静かに布団の上にいられるように教えていく。

【見通し持って行動できない】

・遊んでいる途中で「終わり」と言われるとパニックになるので，事前にあとどのくらいで終わりなのか，終わったら何をするのかを絵と言葉で伝える。
・ダメなことを止めるのではなく安心して見通しを持って行動できた経験を担当者と行う。

落ち着いて生活できるようになるにはどうしたらいいか，担当が保護者を交えて何度も話し合いを重ねた。当初は2週間計画，1か月計画，2か月計画だったが，このような対応を続けた結果，4歳児になると，この話し合いも，前期と後期の2回で済むようになった。思い通りに行かない時には怒って暴れることもあったが，「怒っても遊ぶ時間がなくなる→自分の好きなことができない→自分が損をする」ということが徐々に理解できるようになった。

保護者は子どもの様子を見て，自分から病院受診を希望し，「自閉症」と診断を受けた。入学時も就学支援委員会に相談して，子どもに合った学びを受けたいからと特別支援学級の在籍を取った。

1年生の時，担任の先生が保育園に来て「ありがとうございました。D君は自分で頑張ろうという気持ちが育っています。学校生活では『自分で頑張る』という気持ちが育っていないと，学習にも運動にも友達関係にも影響します。保護者から，保育園でたくさん取り組んでもらったと話を聞いたのでお礼が言いたくて来ました」と感謝の気持ちを伝えていただいた。

D君に対しては，担当だけではなく，園長，主任，他のクラスの保育士，D君の周りの子どもたち，そして園の保護者といった皆が「D君はダメな子」ではなく「大人になったね」「素敵だね」「我慢できて，偉いね」などと温かく見守る姿勢で接していた。子どもたちには「大事にされた」という気持ちを持っていてほしい，その気持ちがあれば大人になってからもがんばれる，と願ってのことだったと思う。

保護者は，自分の子どもが周りの皆から大事にしてもらっている，応援してもらっている姿を見ると，自然に「自分の子どもに必要なことは何か」と考えられるようになる。子どもへの支援は，結果的に保護者への支援にもなる。

6 専門資格の有無ではない，親子への支援の「専門性」

子育て支援センターに来ていた3歳のE君のお母さんは「健診で発達が心配ですと言われた」とショックを受けていた。E君は発語が少なく，クルマでしか遊ぶことができなかった。何度か遊びに来るうちに，にこにこして近づいて行ったのがお掃除の女性スタッフのOさんだった。掃除機が大好きということでそのスタッフの後ろからついて歩いていた。嫌な顔もせず，「こんにちは」「お名前は」「私はOって言います」と自己紹介をしながら話しかけてくれていた。

それからは遊びに来ると必ずOさんを探して後をついて歩いていた。Oさんに言われれば，お手伝いもしてくれるようになっていった。ほかの職員やお友達のお母さんにあいさつされると「こんにちは」と答えてくれるが，とにかくOさんを探していた。最初は「こんにちは」だけだったが，Oさんに話しかけられるとちゃんと答えることができるようになった。Oさんは時々ボール遊びをしてくれることもあり，「ボール投げ上手になったよ」「ことばが増えてきたね」などそのE君の成長を喜び，お母さんと話をすることも多くなった。

E君も，色々な保護者や職員から「今日もお手伝いかい」「ごくろうさん」など声をかけられて，とてもうれしい顔をしていた。

そのお母さんからある時「あのお掃除担当のOさん本当に資格ないの？　専門家ってなんだろうね。Oさんがわが子には一番の専門家だよ」と言われた。資格を持っているから専門家ではなく子育てに不安なお母さんと緊張してどうしていいかわからない子どもにとって安心できる関わりができ，適切に言葉をかける人がその親子にとっての専門家なのではないだろうか。

E君は幼稚園へ入園したあとも，時々子育て支援センターに遊びに来ていた。健診で発達が心配だと言われてあんなに悩んでいた保護者だったが，子どものためと考え，療育センターにも通うようになった。

悩んでいる保護者に寄り添うとは，まず子どもの居場所になる環境を提供すること，子どもの成長する姿を保護者と一緒に見守ることではないだろうか。そのことが，保護者の次へのステップアップにつながると思う。

7 進路を決めるとき——保護者の気持ちを知り，決断を尊重する

保育園でいつもきょとんとして集団の中にいるF君。4歳児クラスになっても折り紙を折るのも担任の保育士がそばで声をかけ，手伝ってもらいながらやっとだった。5歳児クラスになり，周りの子どもたちは文字や数字に興味を持ち，工夫しながら遊べるようになっても，F君は年下の子どもと戦いごっこを楽しんでいた。

発達が心配で，何度か担任と保護者が話し合い，療育機関に通うことになった。小学校入学に向けて教育支援委員会（地域によっては就学相談）を勧めたが，入学してみないとわからない，特別支援学級の在籍は必要ないという答えだった。入学後勉強についていけず，家で教えても限界を感じ，2年生になる前に保護者から園時代の担任に相談があった。F君が学べる環境を整えてほしいということで，特別支援学級の在籍をとることになった。

子どもの発達が，もしかしたらほかの子どもより遅れているかもしれないという思いはあっても，わが子を今まで一緒に過ごした友達と違う教室に通わせることを親が決断するまでには時間が必要である。F君のようなケースにはよく出会う。経験を積んだ専門家としては「就学相談を受けるほうがいい」「特別支援学級の在籍をとる方がいい」と，保護者に強く勧めたい気持ちがあるだろう。しかし，「私は○○がいいと思うよ」までは言うとしても，最終的には，親の決断を尊重すべきだと考える。

私は様々な保護者から「親だからと言って子どもの気持ちを考えず，特別支援学級在籍を決めることが本当にいいのか？」とよく言われる。また，在籍を決めた保護者からは「子どもから『なぜみんなと一緒にいられないの？』と聞かれたら，なんて答えたらいいのか？」とも尋ねられる。

ある小学校の先生は「子どもはみんな特別。特別支援学級が特別なのではない。子どもはみんな特別な子として育てなければいけない」と言った。専門家

から見て違うと思える選択をした保護者も，何も考えていないのではなく，子どもを自分の特別な子として大切に思うから決断できないのかもしれない。専門家は，そのことをよく知っておくべきだと思う。

8 園全体で取り組む体制づくり

0歳から入園したG君のお母さんは，担任ともあまりコミュニケーションが取れず，他の保護者ともほとんど話をすることはなく，4歳児クラスになっても，行事には一度も参加してくれないままだった。

毎年，担任になった保育士は，子どもががんばっている姿をぜひ見てもらいたい，なぜ来てくれないのか，せっかく練習しても当日参加しなければ子どもがかわいそうだ，と子どもを思う気持ちと，何度も「来てほしい」と言われたら親はどう思うだろうかと親の気持ちを考え，常に葛藤していた。職員会議でも話し合い，あまり強く来てほしいと言うと保育園に来にくくなるかもしれないと確認し，さらっと「ぜひ来てください」だけ伝えるようにしていた。

4歳児クラスになってから，お迎えの時に何気ない会話やG君がどんなことをして遊んでいるかなど常に話しかけるようにした。保護者と仲良くなりたいという保育士の思いが通じたのか，5歳児クラスになってからの行事にはすべて参加してくれるようになった。G君を笑顔で見ている母親の姿があった。

保育士は常に子どもの側に立ち，子どものために「親なんだから，行事には参加してください」と言ってしまいがちである。しかし，それができない保護者もいることを考える必要がある。

子どもに対して待つことがとても大事なのと同じように，保護者対応もじっくりと時間をかけ保護者が自分で考えて行動を起こすまで待つことがとても重要である。しかし，「待つ」対応は担任だけでは難しい。周りの職員が一緒に見守ってくれるという安心感があるから，担任も自信を持って対応でき，結果的に，保護者との信頼も生まれる。

9 健診から一貫した支援がつながる地域づくりで保護者を支える

乳幼児期の子どもを持つと必ず通過しなければいけないのが健診である。保護者からは「健診に行ったら何か言われるの？」「子どもに障害があるって言われたらどうしよう」という言葉をよく聞く。

ある保健師は，早期発見・早期療育と言われる中，「子どもの発達は大丈夫だろうか？」という視点で子どもの観察をしていた。しかし，保護者の不安の声を受けて，健診の場を，保護者が「この町で出産して頑張って子育てをしよう」と思えるように「頑張って子育てしているね」と伝える場にしたいと考えた。そして，保健師，子育て支援センター，保育園，発達支援センター，小学校等，地域の中で関係者が連携とって取り組めるよう，心配な子どもがいた場合はフォローアップできるような取り組みを考えた。また，保護者によっては「早く教えてほしかった」と思う人もいる。そこで，保護者の気持ちを汲んで一人ひとりに必要な言葉かけができるよう，健診前には関係者が事前に必要な情報を共有し取り組むようにした。

地域で連携をとることで，健診において保護者が一番安心できる関係者がかかわることで保護者の精神的な負担を少なくすることができる。

私たち関係者は，保護者の気持ちを一番に考え，子どもが成長できる環境提供を考えていく必要がある。子どもの障害の有無に着目するだけではなく，保護者が「この子を産んでよかった」「子育ては大変，でも頑張ろう」と思える地域が必要だ。そのためには地域連携がとても重要だし，私たち自身がそういう地域づくりをしていかなければならない。

10 幼児期の親子への対応――特に保育園，幼稚園において必要なこと

子育ては毎日大変。まして保護者は「もしかしてこの子は障害があるの？」「私の育て方が悪かったの？」など日々葛藤し，反省しながら子どもと向き合っている。そんな時に「今日もけんかしました」「お友だちをかじりました」「みんなと一緒に遊べませんでした」「給食を残しました」と毎日のように言われたり，お便り帳に書いてあったりすると，保護者は先生の顔を見るのが嫌になってし

まう。「毎日迷惑をかけて，保育園（幼稚園）やめさせようか？」と辛い思いをしている保護者は多い。

保育園，幼稚園で子どもと接する専門職としてこういう保護者の気持ちを理解して，保護者と向き合うためには，どうしたらよいだろうか。

まず大事なのは，子どもが成長できる環境づくりである。子どもの特性を見極めた支援，たとえば，見通しを持って集団生活ができるように工夫する，などして，子どもに「保育園（幼稚園）楽しい。早く行こう」と言ってもらえる園生活を作り出すことである。

子どもが楽しむ姿を見て，保護者も園を信頼してくれるようになる。

保育所や幼稚園では担任だけではなく，園全体で考え，必要に応じて園長や主任が保護者対応する。園長，主任やその他の職員が，自分の経験と得意分野を考えて役割分担して保護者対応できる取り組みが作れるとよい。

幼児期にできた子ども及び保護者との信頼関係が，成長期ごとのいろいろな時に生かされる。園だけではなく，地域全体の連携を意識して幼児期の支援にあたりたいものである。

第5章

親の会による保護者同士のサポートの実際

進藤美左

1 障害受容できなくたっていいじゃない

「どうしてうちの子だけ遅れがあるんでしょう。みんな普通なのに。わたしがどんな悪いことをして罰があたったんでしょうか」

驚くほど多くのお母さんたちが，子どもに障害があるとわかったとき，そんなふうに思う。産んだ自分の責任。自分の育て方がよくなかったのかも……。理屈ではなく反射的にそう思ってしまう。根拠のない罪悪感は，底なし沼に引き込まれていくような恐怖だ。あまりに怖いので，時にはそれを否定し，逆切れもする。

「あのお母さん，どうしても子どもの障害を受け入れられないのよ」

誰かのそういう言葉を聞くと，自分のことでなくても，ほんのちょっと傷ついた気持ちになる。だって，そんな簡単なものじゃないから。大切なわが子だからこそ難しい。なかなか障害受容できなくたって，いいお母さんになれなくたっていいじゃない！　そう叫びたくなるのだ。

私は，ここ10数年，地域の心身障害児・者親の会の役員をしている。3人いる子どもの一人に知的障害があり，自閉症と診断されている。

「うちの子，何か違う……」と思ったのは1歳半ごろだった。1歳まではごく普通だと思っていたのに，だんだん出ていた言葉が消えていき，一人遊びを好むようになった。公園に行くと後ろも見ずに突っ走って，ジャングルジムのてっぺんに登ってしまう。水遊びが大好きだが，少しでも服がぬれるとかんしゃくを起して全部脱ぐ。砂場の砂が靴に入るのが嫌で，騒ぎになる。

「これって，何か困ったことが起きているのでは……」そう思いながらも，直視するのが怖くて，受診を一日のばしにしていた。夜寝ない，いなくなる，すぐに怒って叫ぶ，気持ちが通じない……発達障害児のお母さんたちは皆，疲れや寝不足や，じわじわ訪れる真実の恐怖と闘いながら，ずっと走り続ける。

一方，生まれた時から障害がわかっている場合でも，その事実が胸にすとんと落ちるまでには，かなりの時間がかかるようだ。父親や家族は，受け止められなくても，子どもと離れている時間があるが，母親は24時間365日，休みなしで闘いながら赤ちゃんを育てている。公園に行っても，まわりはみんな幸せそうで，「いいなあ。こんな気持ちを抱えているのは，この世に私一人なんだろうなあ」と思った記憶がある。夫や両親を傷つけるのが怖くて，不安を相談することもなかなかできなかった。自分の気持ちを本当にわかってくれる人，助けてくれる人はきっと誰もいないと思っていた。

そして健診でひっかかり，恐怖は現実となる。初めての児童精神科受診で，「お子さんは一生，普通にはなりません」と言われた。全力で否定した。しかしその日から，私は食べ物が飲み込めなくなった。食べたいような気はして，口には入れるのだが，どうやっても飲み込めない。「現実が飲み込めない，ってことなのかなあ」とボンヤリ考えた。すべての感覚が鈍くなり，外の景色が何故だか灰色にくすんで見えた。ずいぶん天気が悪いのだなと思っていたが，灰色に見えるのは自分だけのようだった。こんなことって現実にあるんだ，と思いながら，涙は全くでなかった。夫は申し分のない人だったが，それでも私は「ひとりぼっち」だった。

2 療育施設での日々

療育施設に通うなんて，と逃げたい気持ちもあったが，同時に「なんとかこれを治さなきゃ！」と無知ゆえに果敢に決心して，入園式に行った。母子通園が始まっても，緊張は解けず，あまり他の保護者とは話せなかった。

新入園した4月の後半ごろ，心理の先生の勉強会があった。狭い部屋に，ぎっしりと7～8名のお母さんたちが座っている。そこで「どうしてこんなところに来るはめになったか」を一人ずつ話した。みんな徐々に，「本当は自分の育て方が悪かったのではないか」「ぐずぐずして相談するのが遅すぎたのではないか」などと，今まで怖くて誰にも言えなかった話をし始めた。心理の先生は，どんな話にも「お母さんは，本当に頑張ってこられましたよ」「今が療育を始める一番いいタイミングだったと思います」と受け止めてくださった。優しくされると，とめどなく涙が出た。どの人の話にも泣けて，共感できた実感があった。このメンバーとは，その後もずっと支えあう友だちになっている。

その数日後，こんどは保育参観後に2時間近く待たねばならないことがあった。10人くらいの保護者が小さい待合室にいた。最初は皆だまっていたが，いったん話し始めると，誰もが身を乗り出して話した。そして，「どんな悪いことをしてバチがあたったのか」と，みんなが口々に言い始めた。「私は本当にまじめに生きてきたのに」「なんでうちの子だったのか」と。

それぞれ子どもの障害も違う，年齢も家庭環境も違う，互いに良く知らない母親たちがほぼ同じことを考えていたことに驚き，なんだかおかしくなってしまった。泣きながらもこの時，初めて笑えた。まだ良く知らないお母さんたちだったが，これは「仲間」なのだと，心から安心したからかもしれない。

それ以来，わが子が「やらかした」事件は，みんなが爆笑してくれる「ネタ」となった。干したばかりの布団の上にぶちまけられたポテトチップスのかけらや，台所の床にきれいに塗り広げられたサラダ油を発見して半泣きになりながらも，これを誰に聞いてもらおうかと，チョッピリ楽しみにもしている自分がいた。

今思うと，こういうのは全部，療育施設のベテラン支援者の方々が仕組んでくださったことなのだろうと思うが，当時はそんなこととは気づかず，友だちができたことが嬉しくてしかたなかった。一番の秘密だったはずの子どもの障害についてオープンに話せるって，すごい開放感だった。その仲間と一緒に，子どもたちに見せるクリスマス会の劇の練習をしたり，誰かの家に集まって衣装を縫ったりしたのも，高校の文化祭みたいに楽しかった。ちょっと先輩世代の障害児母たちからは「若いお母さんたちは，まるで遊びに来ているみたい」と言われたりもしたが，当時，私たちは無理にでも笑わないとやっていけなかったのだと思う。

一緒に散歩をして「ああ，この橋よ！　ここからこの子と飛び降りたら全部楽になると思った場所だわ！」と言いながらケラケラ笑ったり（普通の人にそんな話をしたらドン引きだが，みんな平然と，あるある，と笑ってくれる），お互いの子がやらかした「事件」のひどさを競い合っては，また爆笑する。困っている仲間がいると集まって会議を開いたり，過労で入院した人がいれば，その兄弟の保育園に交代で迎えに行ったりもした。ここで得たのは「運命共同体」のような友だちでもあったが，同時に，「自分は無力な存在ではない」「支えあって，自分たちの力で生きていける」という感覚ではなかったかと，今は思っている。

3 先輩母の体験談

もう一つ忘れられないのは，「母と子の療育キャンプ」だ。幼児から小学校低学年の手のかかる障害児を抱えた母たちが，ほぼ素人の大学生にわが子を預けて，遠くから様子を見ている3日間。なかなかうまく関係が作れない大学生が半べそ状態なのを，なぐさめ，励ましながら，お母さんたちは余裕で，ゆっくりとお風呂に入る。夜の寝かしつけも学生にお任せし，リーダーの先生を囲んで，ビールを飲んで語り合う。こんなに楽で申し訳ない，という感謝と，福祉人材育成に協力しているような不思議な感覚もあり，ほろ酔い気分で実に楽しかった。その時に，ゲストで呼ばれていた障害のある成人のお母さんの体験談を聞いた。これが，どんな専門家の話を聞くよりも目からウロコだった。同じような苦労をして，大人になるまで育て上げた先輩母の言葉はリアルで重い。しかも子育ての話がとにかく面白くて笑え，肩の力が抜けていくようだった。同時に，「私は何をしていたのだろう」と思った。

ある自閉症の青年は，小さいころから箱を集めるのが好きで，部屋中空き箱だらけで困っていたそうだ。しかし彼は成長するにつれて，箱を解体して構造を調べはじめる。次第に，厚紙に設計図を書き，切り取って組み立て，オリジナルの箱を作るようになった。作った箱には，きれいな紙をはりつけ，最終的には精巧で美しい箱ができあがった。彼は成人して箱折りの仕事をしているが，趣味で作る美しい箱は，できあがると誰かにプレゼントするそうだ。贈る相手のイメージで和紙を選び，箱にきれいに重ねてはって完成させる。その美しい箱をもらった友だちや彼の恩師たちが，感激して笑顔になるのが目に浮かぶようだった。

別の青年は，自閉症のきちょうめんさで，毎日必ず，リビングに掃除機をかける。親が共働きの家庭で，彼がいないと家がまわらない。彼は熱があっても掃除をしようとするくらいで，本当に頼りになるとお母さんは言っておられた。

そういう話を聞いて，幼児の母たちは思った。自分たちが望んでいるのは，本当はこういうことなのではないか？　その人にしかできないオリジナルなものを表現できるようになったり，かけがえのない家族の一員になって，誇りをもって生きる大人になってくれるなら，それが最高ではないか？

この時に聞いた話は，私の気持ちを大きく転換させてくれた。

その後，地域の親の会に入ってからも，先輩母の話に勇気づけられ，肩の力が抜け，あるいは支えられることが繰り返しあった。また，共感できる仲間に話を聞いてもらうことは，何より明日への力になっていった。

だから，私は今，こんなに長く，親の会活動に関わっているのだと思う。

「わが子に障害がある」とわかった時に感じた絶望と，果てしない無力感。それを，もしも，専門家でも何でもない自分たちで，仲間の力で，少しでも軽くすることができるなら。昔，自分がしてもらったことを，少しでも恩返しできるなら……そんな思いは，私の中で静かに火を灯しつづけている。

4 親の会活動のこと

私が所属する親の会は，様々な障害の子をもつ母親たちが集まっている。まだ公的な療育機関もなく，養護学校の全員就学も始まっていなかった1968（昭和43）年に，16名の障害児のお母さんたちが集まり，地域センターなどで母子保育をするサークルから始まったと聞いている。そのサークル「あゆみ教室」は，その後，市に引き取られて「あゆみ学園」となり，現在の「子ども発達センター」になった。そして，子どもを預かってもらったお母さんたちは，「親の会」を作った。現在はNPO法人となり，福祉作業所二カ所と喫茶室を運営すると同時に，約350名の会員が相互支援を行う「親の会活動」も盛んで，現在に至る。

親の会では，子どもの年代ごとにグループを作っているが，それは，自分と似たような「仲間」をつくるためだ。同時に，子供の年齢が違う世代の母親との交流や，先輩母の話を聞くという，「縦割りの活動」にも力を入れている。NPO法人になってからは，会員のみでなく，親の会に入っていない地域の障害児の親御さんにも，その輪を広げたいと考えてきた。そのため，親の会の学習会，懇談会の多くは誰でも参加できる。また母だけでなく，「お父さんのための勉強会」や懇談会も，もっと広げたいと思っている。さらに，「きょうだい児」を支えることも今後のテーマだろう。やりたいこと，やらねばならないことは山ほどある。

そして，「子どもの障害種を超えた」親同士が理解しあい仲間になれることは，とても大切だと思う。子どもの状態が違っても共通の想いを持てる，と知るのは，とても嬉しいことだ。やがてそれは，「わが子のために」だけではない，「すべての子ども達の幸せのために」という感覚となって，自分の中に育っていく。

5 「ネガティブになってもいい」

わが子の障害を告知された母親の多くは，実はそれまでの人生では，様々な仕事をしていたりする。新聞記者，学校の教員，テレビ局のカメラマン，看護師，音楽家……いろんな人がいる。もちろん主婦のプロや，子育て3人目のベテラン，という方もいる。それが，子どもの障害がわかったショックで，動けない，考えられない，何もできない，という状態になってしまうこともある。

ほんの少し先輩の母たちは，その状態を「誰でも一時的にそうなる，支援が必要な状態」と認識する。同時に，「この人はきっと自分の力で立ち上がれるようになる」と信じることができる。自分もそうだったから。

支援者に気の毒そうな目で見られて，反発することもある。彼女たちはボロボロだけれど力のある人たちなので，本当はできるのに今はできない，といういら立ちから，助けようとしてくれる人に怒りを感じてしまうこともあるのだ。

その点，経験者の母たちが，相談者の気持ちを「はずす」ことは極めて少ない。自分も大変な子どもを抱えている人に，「それわかる～。本当に大変なんだよね～」と言ってもらうと，どんなに救われることか。相談する人，される人の上下関係もなく，「かわいそうな人」と思われることもないので，逆に弱音が吐ける。「こんなことを言ったら失礼かも」という遠慮は不要になり，お互いの子育ての悲惨な話や自分のできなさも披露しあえる安心感がある。

ネガティブなことも，思いっきり言える。「もし，うちの子に障害がなかったら」「もし子どもを産まなかったらどんな人生だったか」という思いは，「決して口にしたり，思ってもいけないこと」だと多くの人が胸に秘めている。しかし，「あ，それ私も思った！」「誰でも思うよね」と認めてもらったときの，霧が晴れたようなすがすがしさ。さらにネガティブな話はエスカレートしていくが，多くの場合，とことんネガティブの底を打つと，人は「そうはいっても，うちの子は実はこんなかわいいところもあって」「いや，旦那は別に悪い人じゃないんだけどね」と自分から言い始めたりして，最後にはみんなで笑ってしまう。そもそも子育ての悲惨な話は，実は爆笑ネタでもあり，先輩母たちは武勇伝にはことかかないので，全員が涙を流して笑い転げることになり，「ああ，まだうちはいい方かも」と安心するやら，おかしいやらで，なんだか，少し軽くなったりする。

6 「助けられた人は，助ける人になる」

私たちは，こういう「井戸端会議」を，意図をもって設定している。メンバーも厳選する。できれば子どもが似たタイプの先輩母や，同じ年齢の子を持つ母を入れて，ファミレス等で話すことがよくある。話す時間も，可能なら3時間くらいとる。初めて会った人がうちとけて本音を言うには，感覚的には2時間を超えたあたりからが勝負だと思っている。そこで大笑いしたり，自分の想いを話せると，多くの場合はどん底の状態から少し浮き上がれるようだ。

そして次の段階として，親の会の学習会や，同じ年代の母同士の懇談会に誘う。非会員でも少額の参加費を支払えば会合に出られるシステムなので，入会する前の段階で参加して体験してもらうことができる。最初から，「障害児の明るい未来のために」「相互支援を一緒に頑張ろう」などという人は，めったにいないと思う。でも，情報と仲間は必要，という人は多い。インターネットでもたくさん情報があるが，生きた人と話すことには多くのプラスアルファがある。そのことを実感すると，入会して本格的に参加してくれる人もいる。

いろんな人と話して少し気持ちが変わったり，勉強して客観的に考えることは，案外，短期間でできるようだ。本当はなかなか障害を認められない気持ちもあるが，「それが普通だよ」と言ってもらえるだけで元気になる人も多い。

時には集中的に話を聞いたり，一緒に相談窓口に行ったり，情報を集めて提供することもある。親の会にすごく助けられた，と思う人もいるが，あまり感じずにそこを通り抜けて行く人もいる。それでいいと思っている。できれば，どん底の時期のことは忘れてしまう方がいいし，支えられて立ったとしても，自分の力で立ち上がったと感じさせるのが，良い支援だと思う。

多くの場合，自分が助けられて少し元気になった人は，まだ苦しい後輩のお母さんのことを心配する。「助けられた人は，助ける人になる」というのが，何年かやってきての実感だ。しかし忘れてはならないのは，その助ける側になった人を，こんどはもっと先の人生を歩んでいる先輩が助けてくれる，ということだ。思春期・青年期と成長するにつれてまた迷うし，障害受容にも「完成」はなく，人生の節目，節目でぶりかえし，何度も受け止め直すことが多いと思う。だから，いざとなったら再び「助けて」と言えるのは，とても大切だ。

この「役割が固定していない」というのが，保護者同士ならではの良さではないだろうか。相談しても無力感をもたなくてすむ。相談に乗る側もがんばりすぎる必要はない。若いお母さんが友だちから相談されて苦しくなる，ということも起こりうるが，一対一で関わっていなければ，先輩など他の誰かが必ず助け船を出してくれる。だから，グループで相談を受ける，というのが基本だと思っている。個人情報を人から人へと伝えるわけにはいかないこともあり，最初からできるだけ複数で話を聞いている。スーパバイザー的な保護者に相談しながら関わることも多い。もちろん，自分たちの力不足で対応しきれない場合は，いろんな専門家に相談したり，手渡したりもする。あくまで，いろいろな人とつながりながら支えていくことが，長続きする秘訣だと思っている。

もちろん私も，いつか再び，みんなにどっぷり世話になるつもりで，その時が来るのを楽しみにしている。

7 一緒に困って，一緒に考えてくれる人

療育施設に母子通園を始めた頃，多動な娘は「お集まり」に参加せずに高いところに上っては飛び降り，棚の上でガラス窓ばかり見つめていた。「ここでもみんなに参加できないのか」と沈んだ気持ちでいたら，先生が「お母さん，Kちゃんはガラスに映るみんなの姿を見てるよ，参加してるよ」と教えてくれた。

わが子の気持ちがわからない時が，一番つらかった。娘の不思議な行動の理由を教えてもらうと，どんどん見方がかわって，別の自分になったような気がした。そうなると不思議と，わが子も他の子もたまらなく愛おしく思えてくる。その気持ちは，他のお母さんと共感しあえるベースにもなった。これは母子を支援する人にしかできない，一番ありがたいサポートだったと思う。

しかしその頃はまだ，もっともっと障害のことも，療育についても知りたかったし，カリスマ指導者に教えてもらいたいと願っていた。わが子が目に見えて「できるようになる」ことが大切だと，どこかで思っていた。

学齢期になり，様々な担任，支援者と出会うようになった。もちろん，正しい知識をもって適切に対応してほしいのは基本だ。しかし，誤解を恐れずに言うと，本当に心に残る支援というのは，指導のスキルではない気がする。あまり知識や経験がなかったとしても，本人をよく見て，親の話を丁寧に聞いてくれて，同じ目線で一緒に歩んでくれた先生には，会うたびに嬉しい気持ちになり，がっちりと信頼関係を作れた気がする。一緒に困って，一緒に面白がり，一緒に喜び，一緒に考えてくれた支援者のことを，娘はとっても好きで慕っていた。一緒に取り組んだ実感は娘に自信を与え，その経験は大切な宝物になった。また，そういう支援者は勘もよく，興味をもって勉強してくれるので，結果として知識もスキルもある最高の支援者になる，ということもあった。

最近，個人情報保護が言われ，個別療育・個別相談の場が増えたせいか，仲間と出会う機会がなくて孤独だった，という保護者の声を聞く。その機会を工夫して作ってくれた支援者の方々によって今の私がある，としみじみ思う。

その恩返しも含め，支える人も支えられる人も元気になれる，相互支援の活動を，今後も細々と長く続けて，やがて，より若い人へと手渡していけたらと思っている。

第6章

「ことばの教室」通級児の保護者と共に

阿部厚仁

1 はじめに

3月，私が勤務する「きこえとことばの教室」の「進級を祝う会」が開催された。「進級を祝う会」というのは，「きこえとことばの教室」の修了式であり，卒業式でもある教室行事のことである。小学校を卒業するに伴い，通級も終了となる6年生の子どもたちが，「きこえとことばの教室」での思い出を作文にして読み上げてくれる感動の行事でもある。そんな子どもに寄り添い，同じように思い出をかみしめている保護者の方々の姿も，私たち担当者にとっては一層感動を強くさせるのだった。

それは，「きこえとことばの教室」（以下「ことばの教室」）の通級による指導には，保護者の方々の存在が重要な役割を担っているからである。

それはなぜか？　その答えを見つけるために，まずは「ことばの教室」の歴史を振り返りたい。

2 「ことばの教室」の歴史

「ことばの教室」の歴史は，保護者の方で作る「親の会」の活動と大きく関わっている。「特定非営利活動法人　全国ことばを育む会」が発行した『全国ことばを育む会　50年のあゆみ』を見ると，次のようなことがわかる。

1958（昭和33）年，宮城県仙台市立通町小学校にわが国初の言語障害特殊学級として「ことばの教室」が設置され，翌1959（昭和34）年，千葉県千葉市立院内小学校に「言語治療教室」が設置されたのが，その歴史の始まりである。当時，地元に言語指導の場がないため，両市に転居したり出向いて行ったりしていた保護者達が，どの地域でもこのような指導を受けられるようにしたいという強い願いから，「ことばの教室」の設置運動が始まっていく。

1958（昭和33）年「治療教室父母の会」が設置され，それは1961（昭和36）年に「言語障害児をもつ親の会」と名称が変更される。更に，1964（昭和39）年に「言語障害児をもつ親の会全国協議会結成大会」（第1回言語障害児をもつ親の会全国大会）が開催されたのを機に，「親の会」は全国へと広がる。その後，「全国言語障害児をもつ親の会」は「全国ことばを育む親の会」と名称が変更され，2004（平成16）年に「NPO法人全国ことばを育む会」となって現在に至っている。また，全国大会も，2013（平成25）年度には「第25回全国ことばを育む会50周年記念大会」が千葉県で，2015（平成27）年度には第26回大会が佐賀県で開催されている。

「全国公立学校難聴･言語障害教育研究協議会」が発行している『きこえとことば研修テキスト』の「保護者との連携」という章では，「NPO法人全国ことばを育む会」の理事長加藤碩氏が，「親の会」の意義を3点挙げている。

①保護者が一人ぼっちで孤立せず，ヨコへタテへと広がっていけること
②子育ての見通しをひらく「親の会」の学習
③要望をまとめて国や自治体に働きかけること

この3番目の要望活動が，「通級による指導」の制度化に果たした役割は大きい。そうして今は，教員の配置を「加配による措置」から「教員定数に準ずる措置」へと転換を図ることを含め，教員の専門性の向上や教室増設も要望しているところである。

この「NPO法人全国ことばを育む会」には，「子どもを真ん中に親と教師が両側から支えて三人四脚で進もう」というスローガンがある。この言葉のもと，「親の会」の活動は進められ，「ことばの教室」もまた，教育の充実を図ってきたと言える。このように，ことばの指導を受けさせたいという保護者の強い願いこそが，「親の会」の原点であり，「ことばの教室」の始まりなのである。

3 「ことばの教室」における保護者の思い

再び，私自身の「ことばの教室」での体験談をさせていただく。

「ことばの教室」を卒業する時，つまり通級が終了する時に，保護者の方々から次のようなお話をうかがっている。以下，その一部分を紹介する。

・「ことばの教室」には，1年生の入学の時から6年生の今日までお世話になりました。6年間を通して，「ことばの教室」での苦手な部分の勉強はもちろんですが，たくさんの心の支援と励ましをいただきました。ことばでのやりとりがうまくいかず，失敗した時，自分の思っていることがうまく伝えられず誤解を受けた時，そのたびごとに先生方，または通級するお友だちからたくさんの温かい励ましをいただき，小学校6年間を乗り越え，そして成長することができたと思います。うれしいです。また，私の方も，「ことばの教室」に来て，同じような悩みをもつお母様方との他愛もない会話や，それぞれのご家庭で頑張っている様子を聞かせていただいて，私も頑張らなくてはと勇気をいただきました。6年間本当に感謝です。

・1，2年生の時はトラブルが絶えずとても大変で『もうダメかも』と絶望さえ感じた時もありました。でもそんな時には，いつも『お母さん一人ではないからね』『一緒に考えましょうね』と励ましてくださった先生の言葉に支えられて『また頑張ってみよう』と思い直すことができました。苦しい時，悲しい時，いつも温かく深い愛情で支えてくださったのが「ことばの教室」の先生方でした。そして，それと同時に「親の会」の皆さんにも悩みを聞いていただいたり，アドバイスをいただいたりしてたくさんの希望や元気をいただきました。

・今まで支えてくださった先生方，保護者の皆様，本当にありがとうございました。親としては，子どもの話す言葉にさほど違和感も覚えず，個性として本人も気にせず成長できればと考えていたのですが，そうもいかず，5年生の半ばから通わせていただくことになりました。「ことばの教室」では，様々な工夫やいろいろな配慮がなされており，息子はおかげで楽しく通級することができ，言葉も心も成長することができました。また，息子の学習している間の保護者の方々との会話は，私の癒しとなりました。

・6年間の通級は，親の私にとっても有意義なものでした。多くの仲間を得て，たくさんの勇気をもらいました。「ことばの教室」に通う保護者が，互いに理解を深め，共に困難を乗り越えた日々は忘れられない貴重な体験です。お世話になった先生方との会話が全て子育てのヒントとなっています。

・今日の卒業の日を迎え，先生方，一緒に通級しているお友だちやお母様方に本当にお世話になりましたこと，感謝の気持ちでいっぱいです。たくさんの大切なことを教えていただきました。ありがとうございました。息子は，言語障害ということで，集団の中でなかなか自分の気持ちを伝えられず，もどかしく思ったり，おきざりにされてしまったような気持ちになることが多くありました。私は私で，そんな子どもの『成長を待つ』というよりかは，何とかならないかと焦る気持ちの方が強くて，『それはダメよ』とか『こういうふうにしなくては……』というような言葉を繰り返してばかりいました。でも「ことばの教室」では，そんなダメ親な私も引っ込み思案の息子も，先生方はすべて受け止めてくださいました。だから私たち親子は，「ことばの教室」で楽しくおしゃべりして元気に遊んで帰る頃には，なんだか大きな声で『さよなら，また来週』と挨拶することができたのだと思います。だから，卒業は本当にさみしいです。通級を始めたこの2年間，少しずつ分けていただいた勇気を忘れず，日々歩んでいきたいと思います。調子の悪い時も，へたれな時も，イライラしている時もです。「ことばの教室」で息子は，ありのままの自分でよいのだと学びました。私は子どもを受け容れる心の持ち方を学びました。

こうした言葉が教えてくれることは，通級児の保護者の支えとなったのは，私たち「ことばの教室」の教員だけではなく，ともに通級してきている子どもたちの保護者の方々の存在だということである。

そもそも「ことばの教室」の指導は，保護者の不安や心配から始まっている。まったく気にしていなかったり，あるいはちょっとは心配していたけれどもそんなに大変なことではないだろうと思っていたりしていた子どものことばのこと。それが，ある日担任の先生から「気になることがあるのですが……」と切り出されたり，親戚の人から指摘されたり……そうして，うちの子は大丈夫なのかしら，うまくいくのかしらと思いながら「ことばの教室」のドアをノックすることになる。

この不安や心配の中身は深刻である場合も多い。例えば，親族から非難されてしまうこともある。「うちの家系にこんな子はいない」とか，「どうしてこんな子が生まれたのだ」とか。相談に来るまでに，夫婦の間で，あるいは親族の間で，子どもを巡る切実な話し合いが行われている場合も多い。こうした状況が，保護者，特に母親にとっては，一層誰にも相談できない状況を生んでしまっている。

また，吃音児をもつ親だけを集めた保護者の学習会を行った際，参加された保護者から次のような感想をいただいたこともある。「在籍学級での保護者会では，こんな話はできません。子どもに吃音があると言っても，大丈夫よと言われてしまいます。本当は大丈夫なんかじゃなくて，すごく心配なんです。でも，やっぱり他の人からは気にすることなんてないと言われてしまうんです。そうすると，もう相談はできないんだなと思っていました。それが，今日初めて同じ心配を持つ方と一緒になれて，お話ができて，本当によかったです」。ここにも，誰にも相談できないでいる保護者がいることがわかるのだった。

4 「ことばの教室」のにおける保護者への働きかけ

こうした保護者の方の不安の軽減のためには，子どもへの指導・支援と同じように，保護者への働きかけも重要になってくる。それは，保護者の不安はそのまま子どもに反映してしまうからである。心配そうなお母さんの顔を見ている子どもは，自分がダメなのではないかとますます自信をなくしていってしまうのである。

また，家庭において一番のコミュニケーションの相手となるのが母親である。その母親の子どもへの関わり方が，子どもの見本となり，コミュニケーションの力を高めていくのである。だからこそ，保護者の子どもへの関わり方は重要になってくる。特に効果的だった働きかけの例をいくつか紹介する。

(1) 保護者へのコミュニケーションに関する提案

①くりかえし

まずは「聞き上手」になるための工夫から。これは「繰り返し」という方法が効果的である。例えば，子どもが「お母さん，今日学校でね……」と話しかけてきた時，「何があったの？」「どうしたの？」とすぐに聞き返すのではなく，「今日学校で……」と，子どものことばを同じように繰り返してあげるという聞き方である。

子「友だちがさあ……」
母「友だちが……」
子「ぼくのことたたいたんだ」
母「たたいたの」
子「先生に言おうかなあ」
母「先生に言った方がいいかなあって思ってるんだ」
子「でも，うまく言えそうにないんだ」
母「うまく言えそうにないんだね」
子「お母さん，言ってくれる？」
母「お母さんが言ってあげようか？」

というような具合である。

これは，言いたいことを全部話させるための工夫の一つである。すぐに「どうした」「誰がした」「どうしてほしい」という話になってしまうと，子どもはかえって話さなくなってしまう。それで，聞きたい気持ちを抑えて，子どもの話を繰り返していく方法をとるというわけである。

繰り返しにより，子どもは自分の話を聞いてもらえたという安心感が生まれるとともに，自分の話を遮られなかった分，続いて話すことができるのである。「きく」には「訊く」という漢字もある。文字通り訊問するような訊き方は，かえって子どもから話をさせない状況を作ってしまう。

②「プラスの言い方」と「マイナスの言い方」

次に，「話し上手」になるための工夫から。「ことばの教室」では，ことばかけには「プラスの言い方」と「マイナスの言い方」があるという話をしている。

「プラスの言い方」とは，望ましい行動を促すような言い方で，「マイナスの言い方」とは，今の行動を禁止する否定的な言い方である。例えば，廊下を走っている子どもに，「走るな」というのは禁止の「マイナスの言い方」である。これは，ことばが短く，強めの言い方になることが多い。逆に「静かに歩きましょう」というのが「プラスの言い方」である。これは，望ましい行動を伝えるもので，ゆっくりした言い方になることが多い。

子どもにとっては，どうしたらいいのかがわかりやすい言葉かけをした方がよい。禁止の強めの口調にびっくりして起こした反応が，望ましい行動につながらない場合も多くある。だから，叱る前にどうしたらいいのかを話すやり方の方が効果的なのである。

③具体的に話す

さらに，具体的に話しかけてあげることが大事である。「部屋を片付けなさい」と言うよりも，「本は本棚へ，おもちゃはおもちゃ箱へ，洋服はタンスに片付けなさい」と言ってあげる方が，どうしたらいいのかがわかりやすい。

今どきの子どもたちは，「ちゃんとしなさい」や「きちんとしなさい」も，どうしたらいいのかがわかりにくいのである。「椅子に深く腰かけ，背筋を伸ばし，手を膝の上に置きなさい」とか，「洋服をズボンの中に入れ，ボタンを留めなさい」とか具体的に言うことで，子どもは何をしたらいいのかがわかるのである。

こうした言い方は，小言が多かったり叱ってばかりいると反省したりしている保護者には心理的安定にも効果的なのだった。

これらの提案は，聞いた時には納得しすぐに実践できそうに思えるのだが，実際には継続することが難しい。それだけに，毎週通いながら担当者や保護者同士で話をすることで，少しずつでも実践ができていくのだった。ここに，通級による指導の積み重ねの良さがあると考えている。

(3)「ことばの教室」担当者の「つなぐ」役割

「ことばの教室」の担当者の役割の一つに「つなぐ」ということが挙げられる。これもまた，保護者への働きかけの一環である。

1つ目の「つなぐ」は，医療等の関係機関である。医療や療育の話は，思いがけない内容で，深刻に受け止めるものの，なかなかわが子の実態を受け入れられない場合もある。それでも，じっくり付き合っていく中で相談を進めていくことは「ことばの教室」の大事な役割である。

2つ目は，在籍学級担任と保護者との間を「つなぐ」ということである。

子どものコミュニケーション上のうまくいかなさが，学級内でのトラブルになっている場合も多くある。在籍学級の担任の先生から困っていると言われても，うちの子だって被害者なんだからという思いから，在籍学級の担任との関係がうまくいかなくなってしまう場合もある。そんな間を取り持つのも「ことばの教室」の大事な役割である。その子の実態を説明しながら，どのような対応が効果的な支援となっていくのかを在籍学級の担任に説明していく。そうして，保護者のしつけや育児の仕方の問題ではないのだとわかっていただくのである。

そして3つ目が，保護者同士を「つなぐ」ということである。1年生の子を持つ保護者の不安には，3年生の子を持つ保護者からの経験談が具体的であり有意義な話となる。また，中学生の子を持つ保護者の話は，小学校生活全般にわたる様々な困難への対応の思い出でもある。こうした“保護者”という同じ立場からの経験談や，その人自身の存在が，お互いを励まし合い支え合うことにつながっていくのだ。それは「ピアサポート」というほど専門的ではないが，保護者同士の学び合い，支え合いは欠かせないと考えている。

これら「つなぐ」指導や支援においても，他の通級児の保護者の力は大きい。それだけに，保護者との信頼関係作りが，「ことばの教室」担当者の一番の役割となる。

5 親の集まりの場を作ること

こうした保護者同士の関わりを考える時,「親の会」の存在は重要になってくる。現在，東京都には，NPO法人全国ことばを育む会「チーム東京」という親の会がある。その会の発足に当たり，会長の草加京子氏は次のように述べている。

> 私たちは，小学校の「ことばの教室」に子どもがお世話になった保護者です。子どもが通級中は，教室の「親の会」として，毎月1回集まっては，子どものことや学校のことを話し合ってきました。そして,「ことばの教室」を卒業した後も，みんなで集まってきました。中学や高校への進学のことはもちろん，そこでの学校生活について心配は尽きませんでした。その上，卒業した後ですから,「ことばの教室」の先生方と毎週のように会って相談できるなんてこともなくなりました。それだけに，私たちは，保護者同士の集まりを，話し合いの場を必要としていました。また，教室の「親の会」として懇親会や高尾山ハイキング，飲み会などを計画していく中で，全国各地に「ことばを育む親の会」があることを知りました。教室の「親の会」ではなく，県単位で組織された「親の会」でした。そして学習会やキャンプ等が行われていることを知ったのでした。私たちは教室の「親の会」があってよかったなと思っています。まわりのお母さん方にどれだけ助けられ，支えられたかわかりません。そのありがたみを実感していました。そこで今回，私たちは,【NPO法人全国ことばを育む会「チーム東京」】という集まりの場を，東京都に，新たに作ることにしたのです。この集まりの場は，通級児の保護者だけでなく，どこの学校の保護者も参加できます。また，小学生だけでなく小さい子の保護者も，どなたでも集まり，一緒に話ができる場にしたいと考えています。

こうして，保護者自身のニーズから，保護者が集まる場としての「親の会」が生まれたのだった。それほど,「親の会」というのは保護者自身にとっても重要なのである。

6 おわりに

現在，「ことばの教室」では，発達障害の通級児の増加により，担当教員の不足や専門性の確保といった課題が挙げられている。こうした課題に対して，保護者からの支援が大きな後押しになるのは間違いのないことである。そうした保護者からの応援をいただくためにも，「ことばの教室」と保護者の関係を築いていくことは重要なことである。

障害種別ごとの「親の会」は現在たくさんある。しかし，「ことばの教室」に通う保護者の集まりの場は，学校教育の中に存在する集まりの場であるだけに保護者にとっては重要なのだと考えている。

今後も，これまで同様，保護者とつながっていきたいと考えている。

第7章

精神科の診察室でできること

——児童期の子を持つ親の支えとなるために

山登敬之

1 このままで良いのかいけないのか，それが問題だ

「すきすきー，すきすきー，ねんど，くれよん，すきすきー♪」

診察室の床にぺったり座り，広げたスケッチブックにクレヨンを使ってゴシゴシ色を塗る6歳の男児。翌年の春には小学校に上がるというのに，幼稚園ではまだみんなと一緒に先生の話が聞けない。ひとり勝手なことをやっているという。

「すきすきー，すきすきー，ねんどのママ，すきすきー♪」

子どもの歌が変わった。私は思わず笑ってしまう。

「お母さん，この子，ずっとこのままだったらいいのにね」

粘土にされた母親は，泣き笑いの表情を見せ，鼻先で手をブンブン振った。

「センセイ，そんなぁ！　困りますぅ」

個人的な好みを言ってよければ，私は老若男女を問わず発達障害の人が好きである。可愛くて愉快な人が多いからだ。とくに子どもは，自閉症だろうがADHD（注意欠如多動性障害）だろうが，子どもらしさ全開！という感じがして可愛い。自分が歳を取ってきたせいか，最近ますますそう感じる。幼稚園の子どもなどは，こっちからしたら孫の年齢なのだから，まあ，無理もないか。

しかし，親にしてみれば，可愛いだけではすまないだろう。それはよくわかる。目の前のこの子にしても，小学校にあがったら，このままというわけにはいかない。いや，このままでいいことになればなったでいいかもしれないが，子どもは子どもで成長するのだから，どっちにしろこのままというわけにはいかないのだ。子どもの成長というものは，嬉しいことであり，また淋しいことでもある。

いつの世にあっても，子どもの成長を気にかけない親はいない。大事なわが子がちゃんと育っているか，まっとうな人間に育ってくれるか気になる。なにが「ちゃんと」で，なにが「まっとう」なのか書いているそばから疑問符をつけたくなるが，それはおいておいて，たとえば子どもの発達が遅いとき，親が具体的に口にするのは次のような言葉である。「小学校にあがるまでに，ほかの子に追いつけますか？」「みんなと同じ学校に通えますか？」「大人になったら仕事に就けるようになりますかね？」

昭和も真ん中頃までなら，家にも近所にも子どもがゴロゴロいたし，身近におばあちゃんやおばちゃんたちもいたから，実物を参照したり経験者の意見を聞いたりすることができた。世の大人たちには「子どもなんてだいたいこんなもの」，「まあ，子どものやることだから」といった共通の感覚，認識があった。だが，いまは違う。親は経験より情報に頼るしかなく，その情報を得るのはもっぱらネットだ。ただでさえ子育ての不安を抱えているところに，どこかよそから「お宅のお子さん，ちょっと……」などと言われようものならもう大変。家に帰ってパソコンを開けば，不安はますます膨らむ。

かくして，子どもを連れた親がクリニックを訪れる。心配のしすぎという場合もあれば，ご心配はごもっともという場合もある。その後の話のなりゆきで上のような質問も出てくるわけだが，子どもの年齢や発達の仕方によって，当然こちらの答えも違ってくる。そのときは，私も医者の立場から見立てなり判断なりを伝えるのだが，腹の中ではいつもこんなことを考えている。

子どもはみなそれぞれ育つペースが違うのだから，学校の入学式に間に合うの間に合わないのという発想はいただけない。その子の発達がゆっくりだとしたら，子育てもゆっくり時間をかけてやるべきである。急がせるのはよくない。クラスの子どもたちと違って見えたとしても，大きくなるうちにたいていはなんとかなるもの。もっとも，なんとかなるというのは，みんなと同じになるということではない。その子なりその人なりになんとかなるという意味である。障害があってもなくても，それは誰にとっても同じことである。

――と，これは私のいわば心の声であるから，親を前にそのまま口にすることはない。実際に言うにしても，相手を見て，時期をみて，言葉を選んで言う。いくら子どものためと思っても，親の気持ちやニーズを読み取ったうえでないと，こちらの言葉は伝わらない。だいいち，診察室は医者が講釈をたれるための場所ではないのだ。

2 診断（名）にはこだわらない方がいい

発達障害についていえば，子どもをクリニックに受診させる親は二通りいる。自分からそれを疑って来る者と，学校や親族などから勧められて来る者だ。これは受診の動機にもとづく分け方だが，子どもの療育経験の有無でも二通りに分けられる。つまり，就学前から療育を受けていた子どもの親と，就学してから子どもの発達上の問題を指摘された親である。

あらかじめ療育の経験があれば，話はわりとスムーズにいく。子どもが学校でなにかトラブルを起こしても，親には発達障害の知識もあり，自分の子どもの気性やクセに対する理解もあるから，医者と問題を共有しやすい。ところが，小学校にあがってからうまくいかなくなって発達障害を疑い始めた，あるいは学校から受診を勧められてきたようなケースだと，発達障害のなんたるかから話を始めないといけないので，こちらもいろいろ気を遣うことになる。

子どもが発達障害かどうか，親はまずそのことを知りたいだろうが，これは簡単に白黒がつく話ではない。診断のための決定的なツールがないばかりでなく，発達障害という概念自体が，どこからが障害でどこからがそうでないのか線の引けないあいまいなものなのである。

喩えてみると，発達障害の診断は広い裾野を持つ高い山の住人に名前をつけるようなもので，頂上に住んでいてくれればさすがにわかるが，裾野にいくほどその判断がつきにくくなる。中腹あたりならともかく，どこいらへんからが裾野にあたるのかもわかりにくい。おまけに，その裾野の人口がいちばん多く，住んでいる人もいろいろとあっては，ますます区別がつけにくくなる。さらにいえば，医者にしたって海から双眼鏡で山を観測しているわけではなく裾野の切れ目あたりか山の中で仕事をしているのだから，広い視野で物を見ているという保証もない。

この喩えがうまくいっているか，実際に親を相手にこういう話をするかは別として，「センセイ，うちの子って発達障害なんですか？！」と膝を詰めてくる親に対しては，子どもの見立てとともに，発達障害とは精神医学的にはどういうことをいうのか，なぜ診断はグレーにならざるを得ないのかということも説明し理解を求める。障害が疑われるときは，それこそ山の絵を描いて，おたくのお子さんはだいたいこのへんかしらと言うこともある。小学校に入学してから初めて障害が疑われたケースは，それだけ特徴が目立たなかったと考えられるから，裾野にいる子どもたちが多い。

それからもう一つ，診断にまつわる親の心配には，「うちの子はADHDなの？　アスペルガーなの？　どっち？！」という類のものがある。一般に，発達障害としてよく知られるものは，自閉症スペクトラム（障害），注意欠如多動性障害（ADHD），学習障害（LD），知的障害の4つだが，この分類は便宜的なものであり，実際の子どもはそれぞれの特徴がいくつか重なりあっている。目立つところは年齢によって違ってくるし，子どもの見せる態度や言動は環境にも大きく左右される。

たとえば，小学校の低学年まではADHDといわれていた子が，高学年になり多動や衝動性が治まってきたと思ったら，こんどはこだわりが目立ってきたり周囲から浮いてきたりで，じつはアスペルガー障害もあったのか……などという例も少なくない。だから，診断や個々の診断名にこだわるよりも，他の子どもたちに比べ発達に特徴がある子と大きく捉え，個々の特徴が場合によってどんな困難につながるかを考えておくほうが有益だろう。具体的には，集団になじめなくて困る，刺激に敏感すぎて困る，乱暴で困る，勉強が難しくて困る……などといったことだが，逆さにみれば，有事の際にはその子の発達上の特徴が表に出るということでもある。

幼児期よりペースは落ちるが，児童期の子どもも日々成長する存在であることに変わりはない。それを発達障害の枠に閉じ込めて，みずから視野を狭めるようなまねはしたくない。これは親だろうと医者だろうと同じだと思う。私も，求められれば予想のつく範囲で先の話もするが，親にあらぬ不安を与えないように気をつけているつもりである。だが，世の中には「こういう子は放っておくと犯罪者になる」などと平気で口にする医者がいるというから困ったものだ。

3 「障害の受容ができていない」などと言う前に

児童期の子どもを持つ親にとって，大きな課題の一つに学校や学校関係者（教員，保護者，その他）とのつきあいがある。保育園や幼稚園は，お受験のための園でもなければ，だいたいが家庭の代用，延長のようなものだが，小学校は違う。学校というのは国家のつくる制度であり組織である。ときに大きな壁となって親子の前に立ちはだかることもある。いや，こんなに大仰に構えることもないのだが，学校とのいさかいを抱えた以下のような例にはよく出会う。ただし，これは私の臨床経験に基づくフィクションである。

小学４年生の男子が来院した。この子の特別支援学級への転学をめぐり，親と学校が揉めているらしい。就学時健診のおりに特別支援学級の固定級を勧められたが，親の希望で通常級に入学。その後も毎年新学期を迎える頃になると，学校側は支援級への転学を勧め，親はそれを拒んだ。4年生になってやっと，通級のほうなら……と，週に2時間ほど支援級を利用することになった。これまで医療機関との関わりはなく，このたびも学校から強く勧められての受診であった。

実際に会ってみると，おっとりした素直そうな子どもだったが，簡単な質問にもいちいち母親の顔を見上げていた。生育歴を聞くと，幼稚園に入るまで言葉が出なかった，自動ドアやエレベーターの扉が開閉するのを飽くことなく眺めていた，癇癪を起こすと小一時間は治まらなかったなど，ひととおりのエピソードが出てきた。園に通うようになって言葉も増え友だち関係も生まれてきたので大丈夫かと思っていたら，年長の年に幼稚園から就学相談を受けるように言われた。

教育相談所で受けた知能検査の結果は，全IQ（知能指数）が軽度障害のレベルで，とくに言語性知能が低く出た。両親は，心理士からその結果を聞いて，言葉の遅れさえなんとかなれば通常級でやれるのではないかと期待した。教育相談には就学後も通うことにした。

入学後，子どもは通学を嫌がることなく，毎日楽しそうに登校していた。しかし，さすがに勉強は難しかったようで，親がみてやっても覚えが悪かった。言葉を喋れるようになったのに，読み書きがいつまでもできないのが不思議だった。1年生の3学期，担任から支援級への転学を提案されたが，親には受け入れがたかった。2年生のときも3年生のときも，同じ時期になると同じことが繰り返された。

父親はときおり憤懣をのぞかせつつ次のごとく語った。遅れがあるのはわかっているが，学校は本気で指導するつもりがあるのか。教育相談の指導もぬるすぎる。3年も通っているのに進歩が見られない。いま通っている支援級だって似たようなものではないか……。のちに連絡を取ってわかったことだが，教育相談所の心理士は，知的障害だけでなく自閉傾向も気にしてソーシャルスキルの指導にも力を入れていた。とはいえ，言語性知能が目に見えて伸びるわけでもない。父親の気持ちは満たされなかった。

私は，ここまでのいきさつを聴いてから，当院でも同じ検査をすること，その結果が出るまで親だけで何度か通院してもらうことを提案した。親の通院は数回であったが，必ず両親がそろって来た。父親は，自営業でわりと時間が自由になったが，毎回の通院にはそれ以上の理由があると思われた。

知能検査の結果は過去のデータと似たりよったりだった。それを踏まえて，この子は発達障害といえるだけの特徴を備えており，「言葉の遅れさえなんとかなれば」なんとかなるものでもないことを説明した。そのあと，検査をとった心理士のほうから，この子がどういうことが不得手であり，学習を含めこれからどんな指導があったらよいか丁寧に説明させた。

父親は，たしかに発達障害についてじゅうぶん理解しているとは言い難かったが，話のわからない人ではなかった。こういう説明はいままで聞いたことがなかったと言い，心理士が子どもを支援級に通わせることの抵抗感について尋ねると，次のような話が出てきた。

じつは，父親には障害を持った兄がおり，小中学校とも当時でいう「特殊学級」に通っていた。そこにいたのは，今の時代に比べずっと重度の障害を持つ生徒ばかりだった。幼かった父親の目には，兄のクラスがなんだかとても恐しい場所に映った。兄がそこに通っていることを級友にからかわれた。家でそういう話をすると，きまって親に叱られた。息子が支援級を勧められたとき，父の頭にまっさきに浮かんだのは，自分自身のこんな体験だった。

学校ではもちろんのこと，教育相談の場でも父親はこの話はしなかった。おたくのお子さんは固定級のほうで……ということで話がスタートしたので，最初から対立の構図はできあがってしまった。父親にとっては，学校は息子を支援級に押し込もうとしており，担任も教育相談の心理士もそのために動いているようにしか見えなかったから，およそ心を許す気にはなれなかったのだろう。学校は学校で，毎年同じように押し問答を繰り返すうち，相手を頑固な親，障害受容のできていない親とみるようになったのかもしれない。このような膠着状態の中で，子どもにとって必要な指導，支援はなにかという肝心の問題は，どんどん先送りにされてしまった。

短期間だったとはいえ父親が毎度熱心に通院したのは，もうここいらでなんとかしたいという気持ちもあっただろうが，心の底では自分の心情を吐き出す場所とタイミングを探していたと思えなくもない。彼が支援級を拒む理由を母親がどこまで知っていたかはわからないが，知っていたとすればきっと遠慮も生まれただろう。両親の決断が遅れたと責めることはできない。

いずれにしても，親と学校が対立して良いことは何もない。必ず子どもにツケが回る。どちらにもそれぞれ事情があり，よほどの場合を除いて片方だけを責めるわけにもいかないが，先に述べたとおり学校は社会の設ける組織である。個人は非力であり，力関係は歴然としている。親の支援にあたるとき，私のような仕事をする者がどちら側に肩入れすべきかは言うまでもない。

4 発達障害の「害」について

発達障害の「害」の字は嫌われている。「がい」とひらがな表記にしたり，同じ読みでも「さまたげ」という意味の「碍」の字を使ったりすることもある。あるいは，「障害」ごと言い換えて「非定型発達」としてみたり，「発達凸凹」と言ってみたり。私は私で「発達マイノリティ」という言葉を思いつき，ひところ得意になっていたのだが，もっと前から著書に「発達的マイノリティ」と記している同業者のいることを知り，がっかりした覚えがある。言わんとするのは同じで，その人たちはその人たちで独特の発達をしているのだから，病気とか正常な機能の欠落とか考えるのは不適当ということだ。

だとすると，まずいのは「害」の字や「障害」という言葉だけでなく，発達障害の概念そのものではないかとも思えてくる。その状態が「いつもと違う」なら本人も病気として受け入れ易いだろうが，「みんなと違う」からといって病気にされたら面白くなかろう。なにしろ，本人にしてみれば「いつもと同じ」なのだから。子どもだって「ボクはいつもこういうボクなのに，どうして？」と感じるに違いない。育てにくい子どもだと思っていたら，そんな障害があったのか……という納得の仕方は，子どもに対して失礼ではないのか。医者は診断することの「害」についても，つねづね考えておかなくてはなるまい。

発達障害の「害」は，大人が子どもの言い分を聞かなくなる，子どもに対する見方を貧しくするいったところにも及んでいる。世の中にその考え方が広まって，保育士，教員，心理士その他，子どもに関わる職種の大人たちが神経質になりすぎているのも気になる。子どもの見せる徴候，サインを見逃さないように……という心がけが，発達障害を見逃すな！という方向に傾きすぎてはいないだろうか。たとえば，「3歳のときに戻りたい」と嘆く子ども，「ボクを信用してよ！」と怒る子ども，「ボクに笑っててほしいんでしょ？」と謎をかける子どもがいる。そんな子どもたちの言葉に耳を傾ける前に障害の有無に気を取られる「専門家」たちは，自分の専門性を一度疑ってみるとよいだろう。

発達障害の「障害」はたしてどこで起きているのか。一言で「コミュニケーション能力の障害」などというが，コミュニケーションは相手あっての話だ。はじめに書いたように，発達障害ブームの一端は，大人たちが「子ども観」を共有できなくなったところにある。今の時代は，大人と子どもの関係も疎遠なら，大人たちどうしの関係も疎遠になっている。コミュニケーションの「障害」は，じつは社会の側にあるのではないか？　そのような視点を持つことも大事かと思う。

第8章

思春期の子どもたちの周りの大人たちへ

前田かおり

1 フリースクールに集まる子どもたち

フリースクールに集まってくるのは不登校や集団不適応の子どもたちである。不登校や集団不適応には，学校の状況，先生や友だちとの関係，家庭や保護者の事情，そして本人の生育歴や性格など，とても多くの要因がからんでいる。確かに発達障害の特性を持つ子は少なくないが，必ずしも発達障害のために不登校になったとは言い切れないことも多い。フリースクールの子どもに接する際に，いわゆる定型発達なのか，不定型，発達障害なのかを分けて考えることに私はあまり意味を感じない。なぜなら，他者への許容や信頼という生涯を支える社会性の基礎づくりをすることは，発達障害の診断のあるなしにかかわらず，思春期の子どもたちに共通する重要かつ困難な課題だからである。

フリースクールのようすを通して，定型発達か否かにこだわらず，思春期の彼らとのコミュニケーションのあり方を共に考えていただけたらと思う。

2 思春期は「扱いづらい年頃」

病院の小児科で思春期心理相談を担当して，またフリースクールの中で，思春期まっただ中の子どもたちとこの30年間密な時間を過ごしてきた。発達障害の有無にかかわらず，心が通いにくく，扱いづらい時期である。

対人関係の中で揺れ動く自我像，受け入れられない自己主張，頑なこだわり，拒絶と甘え。思春期の子どもたちの言動はとかく問題化しやすい。

大人が丁寧に付き合おうとすれば「うざい」とイヤな目つきをされる。かと言って何も言わずにいると「無視？」とすねられる。話を合わせようとすれば

「いい年してイタイ」と馬鹿にされるし，距離を縮めようとすれば「キモイ」と逃げられる。

こうした子どもたちの状態に親として支援者として一体どのように関わっていけば，「個としての自立」を促せるのだろうか。大人への大切な架け橋であるこの時期を誰にとっても後のトラウマとして残すことなく有効な発達のチャンスとして共に過ごしていくことがどうすればできるのだろうか。

彼らの言葉に振り回されず，彼らの心を読み取り受け止めることの大切さ，同じ社会を生きている一員として，課題を先送りすることなく目の前の彼らと具体的にどう向きあうのかを考えること，思春期の対応はそのまま発達に問題を抱える子供たちの支援の仕方に通じるものであると思う。

3 経験者の話を聞き，多くの子どもが通る道だと理解する

つい数年前までは「ママ，ママ」と膝に乗ってきた子に「うぜぇな，いちいち口出すんじゃない，このボケが」なんて言われて，よくぞここまで成長してと喜べる親はまずいない。「うるせぇ，死ね，クソババァ」と言われて，心が痛まない母もいない。「キサマのせいでこうなったんだ，俺の人生返せよ」と詰め寄られて，自分のこれまでの子育てに自信をなくしてしまう親の気持ちもよくわかる。

発達障害ならずとも，このような場面は思春期の子どものいる家庭ならどこにでもあることだ。例を挙げればキリがないほど，親の心に突き刺さる言葉の棘が日常生活に蔓延するのが思春期の一般的な姿だ。

そこに発達の問題が絡むと，更に状況はエスカレートする。これまではそれほど意識してこなかった他者の存在や誰からも理解されない自分への苛立ちが極端な形で現れる。「抱っこして」と大きな体を寄せてきたかと思うと，別の時には「勝手に生んだのだから親の責任として私を殺せ」と包丁を持ち出したりと言動の振れ幅が極端になる。

子どもと話したくない。話しても会話にならないから話をする気になれない。キレルと手がつけられなくなるのでうっかり返答ができない。半径5メール以内に子どもがいるとそれだけでドキドキして震えが止まらない。寝顔を見てい

ると，いっそこのまま起きてこなければと思ってしまう自分が怖い。私の愛が足りないのでしょうか……？　といった親としての相談も決して珍しくない。

思春期の子どもを持つ親はただでさえ大変だ。不登校や集団不適応があると，なおのこと，そういう「問題」を招いた原因は家庭教育にあり，自分たちの子育ての責任だと感じてひとりで抱え込んでしまうことが多い。

トラブルが広がる思春期は，家族の中での子どもから社会の一員としての子どもへと舞台が広がるということを意味する。不登校や集団不適応についても同じ悩みを共有できるたくさんの経験者が周りにいることを孤立して孤軍奮闘しているお父さん・お母さんには特に伝えたい。広い世界での応援団を子供も大人もたくさん見つけて繋がっていくことが何より大切な時期と思って欲しい。

4　安心できる場の中で――大人として伝えるべきは伝える

思春期の子どもたちは問題をこじらせることがあたかもゲームであるかのように，互いに絡み合いぶつかり合い，攻撃的に他人の価値観を拒絶し，大人の知恵を拒否し続ける。これは未成熟ではあるが，自立に向かって動き始めた思春期の子どもたちの姿である。彼らの暴走しがちな自我と大人としてどう向き合えばいいのだろうか。保護者も支援者もその場をうまくやり過ごすノウハウを求めがちだがそんなものはない。この時期の体験がその後の人格の中核を形成することを忘れずに子どもとつき合うことしかないと私は思っている。

自分とは違う他人の存在に触れ，他人には他人の自分とは違う価値観があることを知り，自分の思い通りになることだけが解決ではないと分かることが，この時期の子どもたちのなによりも大切な学習課題である。

大人は，彼らと真剣にぶつかり，あるときにはそのサンドバックになりながらもその痛みを伝えていく覚悟を持たなければいけないと思う。

大人にだって大人の言い分がある。言われたら辛い言葉もある。相手の許容量を考えて無駄なことは無駄と悟った上で，伝えるべき事をきちっと整理し，一貫性を持ってぶれずに子どもたちにぶつけていく態度が大切である。「この子は発達障害だから言っても分からないだろう」と伝える努力をあきらめるのは，障害理解ということばのもとに時に相手の成長する機会を奪ってしまうことになってはいないだろうか。

安心できる大人たちや仲間たちとのやり取りが保障されれば，子どもたちは会話を通して自分なりの価値観を再構築し，やがてそれなりに「折り合い」という名の社会性を獲得していく。この時期の会話は正論や正解である必要はない。

5 ある日の会話から――子どもたち自身がみつけだしていく解決

「先生はさぁ，はっきり言って今までに一度でもいいからここで子どもの問題をちゃんと解決できたことってあるの？」

先日フリースクールでいきなり中学生のＴ君が鋭い言葉で私に喧嘩を売ってきた（ように思えた）。

「先生にみんないろいろ話すけどさぁ，はっきり言って先生がなにか解決してくれたことってないじゃん」

「みんな言ってるよ。一応話は聞いてくれるけど，私はこう思うとか，こんなふうに考える人もいるんじゃないかとか，先生ってすぐそんな話になるよね。先生の考えとかほかの人がどう思うかなんかは僕らにとってはどうでもいいことで，僕らは僕らの話を聞いてちゃんとそれを解決して欲しいと思っているんだけど。はっきり言って先生って無能だよね」

「まぁ，ここではなんでも言いたいことは言えるけど，言ったからって結局は無駄で，自分が我慢するよりないんだよね。僕らが我慢するってことは先生がなにか問題を解決できたわけじゃないでしょ」

「なんにもできないくせに，わかってるみたいにいつも自信満々で，僕ほんとに先生のこと大嫌いだ。先生さえいなければ，ここはもっといいところになると思うんだけれど」

「嫌いな人って存在だけでウザインだよ。なんか同じ場所にいると思うだけでイライラしてくる」

こうして延々とＴ君の話はつづく。そして，「まぁ，言っても無駄だってことはわかってるんだけど。でも何も言わないからって，先生をみんなが好きなわけじゃないってこと，ちゃんとわかった？」とトドメの言葉。

「でも，そうは言ってもみんな来てるってこともあるし，少しは先生を好きと思っている人もいるかもしれないし，そこは僕にはよくわからないけど」

とちょっとしたフォローも最後につけ足されて彼の一方的な話は終わった。

このやりとりを固唾を飲んで見守っていた教室の中の空気が，ほっと緩む。

「外に散歩に出かけよ〜」と誰かの声が響く。

「行こう行こう。みんな待たせちゃってごめん」とけろっとT君も加わる。

ワイワイと桜吹雪の舞う教室前の遊歩道へとみんなの声が散っていく。

いつもと変わらぬフリースクールの午後。

Tくんに発達障害の特性があるのかないのか。ここでは，それを問題にする必要はない。Tくんの行動をどう理解し，どう受け止めるのか。それだけを考えればいい。

子どもたちの抱える問題は，その子どもだけの問題ではなく，その子を取り巻く環境全体の問題でもある。そして，問題を解決する主体は他ならぬ子どもたちであり，大人はそれを見守りつつ土俵からはみ出さない心配りのできる立場でなければならないのだと思う。そこには限りなく膨大な時間がかかる。

6 甘えと反発，依存と自立，愛情と憎悪——思春期の特徴である両極性

思春期の一番の特徴はなんといってもその激しい両極感情にある。親に反発はするが甘えてもみたい。あの人のこと大嫌いだけれど本当は好かれたい。かまって欲しいけれどそうされるとなんだかうざったい。そんな相反する思いの中で，不安定な心はいつもストレス状態，自分の気持ちが相手に伝わらないだけでなく，自分自身の本心が自分でもわからないストレスに，ついついイライラして言葉も荒くなる。答えの見えない彼らの言葉はウダウダとした屁理屈にしか聞こえず，忙しい時間の中で心ゆくまで絡み合っているゆとりはお互いにない。そこで一様に簡単な言葉で彼らは気持ちを投げ捨てて終わってしまう。

本当は話したいのにどうしてもお互いに接触を避けがちになるこの時期だが，両極感情に揺れるこの時こそが大切な成長の機会。反発しながらも受容されたい自分の中にあるもう一つの感情に気づくことで，言葉や行動の奥にある見えないものを想像することができるようになり，やがて他人にも自分と違った感

情があり，そのまた奥にも別な感情もあるのかもしれないといった複雑さを学ぶ絶好の時なのある。

たくさんのぶつかり合いの中から，多様な価値観や感情が存在することを知り，なんとか妥協点を探し出し「折り合い」をつけていくことが，前頭葉機能のまだ未発達な子どもたちには難しいからこそ，思春期の混乱がおこるのであって，意図的にわがままな自己主張を繰り返しているわけでは決してないことを念頭に置いた上で，彼らと再度向かい合ってみよう。

これが保護者にも思春期の子どもたちとつきあう学校の先生方にも伝えたいことであるが，そうは言っても保護者や先生は子どもとの距離が近すぎて受け入れがたい時もある。そんな時には，信頼できる第三者にゆだねよう。

7 コミュニケーションにならないことにめげないで

誰もが一様に通る思春期の彼らの言葉のもつ「棘」。どこまでの悪意が込められているのかが読み取れないその「言葉の棘」に私たち大人が過剰に反応して，本筋ではないところで腹を立てたり，説教したり，はたまた傷ついたりしてしまうことは多い。その結果，「話しても通じないから無駄」「話せば話すほどこじれていく」と，彼らは大人とのコミュニケーションを拒否するようになる。大人の側の対応が引き起こす問題である。

彼らは会話を勝ち負けの勝負のように捉えている。彼らにとって会話の中で納得してしまうことは負けを意味する。だから説得を目標にすると，彼らとの会話は決裂する。相手を言い負かすことが彼らの会話の特徴だと思えばいい。彼らにとってそれはゲームのようなもので負けそうになれば途中終了のボタンが押される。大人はそこに巻き込まれてはならない。必死になって言葉を駆使する彼らに対し，大人が全力でそれを論破したところでなんの意味もない。

彼らの話は一様に一方的かつ攻撃的で万能感にあふれ受容的に聞いていればとめどなく続く。負の感情を前面に押し出し怒りをぶつけている時でさえ，饒舌で高揚感にあふれ生き生きとしている。しかしその主張や言葉の使い方は大人から見れば突っこみどころ満載で，ついつい口を挟みたくなってしまう。

一見自在に言葉を操っているように見えても，心は傷つきやすい彼らにとって，汚い言葉，激しい言葉は精一杯の防衛である。これは，特に思春期の子どもと付き合う中学，高校の先生方にはぜひ頭の片隅に置いておいてもらいたい点であり，発達障害の要素を持つ子どもたちとの関係で，彼らの言葉の「棘」に巻き込まれずに成長を後押しするために大事なポイントでもある。

彼らとの会話の目標は，その負の感情の裏にもう一つの自分の感情が眠っていることに気づかせることだけでいい。説得しようなどと考えなくていい。答えは彼らがやがて選び出す。今は，どちらが正しいかではなく，もう一つの答えが自分の中にあることに気づくきっかけを会話の中で作り出せればいい。

異文化交流だと考えて，彼らの激昂した言い分に巻き込まれることなく彼らの言葉を好奇心を持って聞いてみるゆとりが持てると，会話がぐっと楽になる。彼らに私たちの文化を押し付けるのではなく，彼らの文化を理解しこちらから歩み寄る努力をすることで，まず友好的な関係が構築される。一度信頼関係が生まれたら，彼らは実に礼儀正しく信頼のできる人たちなのだ。

彼らは会話を拒否しているわけではない。むしろ覚えたての言葉や知識を駆使して大人との会話を楽しみたがっているのだと思う。ただ，忙しい大人達にとっては，それは無意味で無駄な時間に思え，ついつい上から目線で指導したり説得したりしたくなってしまう。

「なるほどね，そういうふうに考えているんだ」「そうか，そう感じたんだ」といった言葉を挟むことだけで会話は流れやすくなる。こうした安心できる大人との会話の中で子どもたちの言葉や表現の力，そして聞き取る力の大切な基礎が培われていく。

8 トラブルから学ぶ――効率の良い成功体験からは何も学べない

発達障害を「発達機会喪失による障害だ」といった人がいる。発達の順序が違ったり発達に凸凹があったりすると，同世代横並びの活動の中ではトラブルが起きやすい。そこで幼い頃から，ある時は「配慮」という名のもとにまたある時は「遠慮」という形で，彼らは同世代が普通に持つ経験の機会を喪失してしまっている。確かにトラブルは回避できるかもしれないが，もとより難しい社会性や言語性の発達機会はそれにより著しく損なわれることになる。それでは学ぼうにも学べない。思春期になると，複雑化する人間関係への戸惑いから「仲間はずれ」や「孤立」に陥り，更に経験の機会は狭められてしまう。

「成功体験を積むことが大事」とよく人は言う。それは失敗させるな，とかトラブルを避けろとかいうことではない。たくさんの無駄に見えるそうした体験があってこその「成功体験」なのである。

ただ，発達に問題を抱える彼らの「成功」は同年代の中ではできて当然な事として評価されにくい。失敗やトラブルばかりが問題視される彼らにとっては「年齢としてできて当然なことができること」こそが成功体験であり，社会性獲得の道のりなのだ。そのためにも，それぞれの子どもにとって，共に成長できる仲間のいる環境や，同世代横並びの活動の中では彼らが喪失しがちな発達機会としての体験が保障されていなくてはならない。それには，既存の学校や教育だけでなく，それぞれの子どもにとって安心して自分らしく学べる場を地域社会の中で作り出し提供していくことも，大事な支援側の課題だと思う。

思春期は子どもが親という大きな存在に守られたところから，「個」としての自分を意識し自立に向けて歩みだす重要な時期である。これまで子どもの発達支援に心を配り続けてきた親であればあるほど，この時期の子どもとの距離の取り方は難しい。トラブルを恐れるあまりに過保護・過干渉に陥らないこと，そのためにも彼らを安心して送り出せる家庭以外の経験の場を確保していくことを忘れずにいて欲しい。子どもは多くの体験とたくさんの人との出会いの中で育っていく。

人と関わることが心地よいと彼らに伝えるためにも，転んでも失敗しても人生の応援団がたくさんいることをまず大人が実感できる社会でありたい。

“TRY and ERROR！”，私たちのフリースクールの合言葉で，本章を結びたい。

第9章

特別支援学校から
――小・中学校において必要な支援とは

田上美恵子

1　事例紹介　特別支援学校や高等学校に入学してからの変化

（1）Aさん

Aさんは現在21歳になる自閉症スペクトラムの青年。小学校入学時は障害に気づいておらず，通常学級に入学した。入学後友だちとのトラブルが絶えず，学力的にも難しい状況があって不登校となり，発達診断を受けて障害名を告知された。

3年生になった時に，別の小学校の特別支援学級に転校した。しかし支援学級でも集団に馴染めず不登校となってしまい，保護者が特別支援学校への転校を希望した。当時通っていた小学校の校長は，「お宅のお子さんは，特別支援学校に通うお子さんではないですよ」と話したが，両親は「このままでは学校に通えない。特別支援学校が最後の砦なんです」と言ったそうである。

5年生の時に特別支援学校に転校してきたが，当初は情緒的にとても不安定で，些細なことでパニックを起こして椅子を投げたり，ランドセルを背負って一人で学校を出て行こうとする等の行動が頻繁に見られた。

会話はほぼ普通にできたが，不安定になると言葉でのコミュニケーションが難しいため，文字とイラストを用いたコミュニケーションカードを用意した。このカードが効果的で，嫌なことや辛い場面になると，パニックを起こす前にカードを用いて意思表示ができるようになった。その結果パニックを起こすことも減ってきた。

集団での授業では，リーダーとして力を発揮するようになり，自信をもって行動できるようになった。特別支援学校で障害の重い友だちと関わる中で，率先して面倒を見るようになり，そのことが「自分は人の役に立っている，必要とされている」という自己肯定感，自己有用感を育てることにつながっていった。

中学部に進学してから療育手帳を取得して，高等部に進学し，卒業後は特例子会社で働いている。なかなか特別支援学校への転校を決心できない保護者が多い中，早い段階で転校したことで不登校が改善し，学校生活に適応できたことは評価できる。

（2）Bさん

自閉症スペクトラムの診断を持つBさん。小学校入学時はまだ診断はついておらず，通常学級に入学したが，2年生の時に不登校となる。いくつかの学校への転校を繰り返し，5年生の時に特別支援学級に転校した。その後2年間は学校に通えるようになり，中学校は特別支援学級に進学。高等部は特別支援学校の就業技術科を希望したが入れず，普通科に進学した。

希望した就業技術科に進学できなかったことが，普通科に入学後も尾を引き，「この学校は僕の来る学校ではない」と言って，1年生の時に不登校となってしまった。担任は「毎日学校に来なくてもいいから，出られる授業だけ出てみよう」等の働きかけをしたが，結局退学してフリースクールに通うことになった。

現在東京都の知的障害特別支援学校の高等部には，就業技術科と普通科の2つがある。就業技術科は定員が定められており，入学者選考が行われる。2つの科ではそれぞれ生徒の特性や課題に応じた指導が行われており，決して優劣があるわけではない。しかし就業技術科の選考に落ちたことが，気持ちに陰を落としてしまい，挫折感を感じてしまう生徒もいる。

（3）Cさん

自閉症スペクトラムのCさんは，中学校までは通常学級に通いながら，通級を利用していた。家庭や通級では普通に話せるのに，通常の学級では緘黙の状態だった。高等部から特別支援学校に入学した。当初はなかなか学校で話さなかったが，いろいろな場面で皆に号令をかけたり，挨拶をする役割を与えるようにし，根気よく声を出せるように取り組んだ。また気の合う友だちができたことで，友だちとなら普通に話せるようになった。これがきっかけとなり，学校生活を通してスムーズに会話ができるようになり，ついには生徒会の役員に立候補して皆の前でスピーチができるまでになった。

中学校まではクラスで自分だけ障害があるという事で自信をなくし，友だちと関わることができなかった。それが特別支援学校への入学を機に，同じ障害をもった友だちと対等に付き合う中で，自信を取り戻し，本来の自分自身をありのままに出すことができるようになったと思われる。

（4）Dさん

Dさんは中学校までは通常学級に在籍しており，高等部から特別支援学校に入学。中学校では，ほとんど勉強についていけなかったが，コミュニケーションの力はあったので，友だちとの関わりは何とかできていた。

高等部入学後しばらくして，「僕は今まで学校でとっても我慢していたんだ。もっと早くこの学校に来たかった」と言い出し，母に当たるようになった。精神的に不安定になり教室に入れず，保健室にいることが多くなった。中学校までは自分でも意識せずに背伸びして学校生活を送っていたのが，高等部では友だちとも対等に付き合えるようになり，本来の自分を出せるようになった。そのことがかえって今まで蓋をされていた過去の辛さを呼び起こしてしまったと思われる。養護教諭が丁寧に今までの振り返りに付き合い，気持ちの整理をしていったことで，次第に落ち着き学校生活を楽しめるようになった。

（5）Eさん

ADHDの診断を持つEさん。中学校までは地域の通常学級に通っていたが，学力的には厳しいものがあり，学校で友だちのからかいの対象となることもあった。母親が子どものことに無関心で，面談には一切来ず，友だちがふざけて制服のワイシャツのボタンを取ってしまっても，家庭で付けてもらえないというような状況であった。学校ではいつも伏し目がちで，自信のなさそうな様子が見られた。

高校への進学では都立高は厳しかったが，私立の高校に入ることができた。この学校が発達障害の生徒に理解のある学校で，面倒見が良く，初めて安心して学校生活を送ることができるようになった。高校では中学校までとは別人のように明るくなり，彼の学校での写真が，学校案内のパンフレットの表紙に載るほど，充実した生活を送っている。

2 保護者の変化

特別支援学校に転学，入学してきた子どもたちの保護者は，子どもが落ち着いて学校生活を送る様子を見るにつれ，当初の不安は薄れて「これで良かった」という思いをもつ人がほとんどである。中には子どもから「なんでもっと早くこの学校に入れてくれなかった」という気持ちをぶつけられて，すまなかったという思いをもつ方もいる。しかし子どもと保護者の双方が納得した上での転学，入学でないと，うまくいかないことも出てくる。保護者は納得していても，子ども自身が親に言われるまま入学した場合，「ここは自分が来る学校ではない」という気持ちになってしまうことがある。そうなると保護者もまた気持ちに迷いが出てしまい，退学，転校ということになってしまうケースもある。

また保護者の中には，子どもがいきいきと学校生活を送っているのを見て安心しながらも，もう以前の学校の人たちとは関わりたくないという気持ちを抱く人もいる。東京都では2007（平成19）年度より副籍という制度が設けられ，特別支援学校の小・中学部に在籍する児童・生徒が，学区域の小中学校に副籍を置いて交流することができる。しかし転入してきた保護者にこの制度の利用を勧めても，「もう前の学校には行きたくありません」と言う方もいる。保護者が望んで地域の学校に通っていたわけであるが，いざ離れてみると「見捨てられた」「居場所がなくなってしまった」という思いを感じることもあるようだ。

しかしそのような当初の感情も，子どもの成長や変化とともに少しずつ薄れていくことが多い。そして葛藤を乗り越えて初めて，わが子の実態をありのままに受け止めることができるようになる。

3 保護者にとって必要な支援とは

特別支援学校に転学，入学した子どもたちが落ち着いて学校生活を送れるようになるのは，学校の中で背伸びしないでありのままの自分を出せるようになったこと，ありのままの自分で付き合える友だちができたことが大きい。そして初めて等身大の自分自身と向き合うことができ，障害や特性を含めて自分を受け入れることができるようになる。また学校生活の中で力を発揮したり，人の役に立つ経験をすることで，自己肯定感や自己有用感を高めることができる。

今の世の中ではありのままの自分で生きていくことは，普通の大人であってもなかなか難しい。まして障害や特性をもった子どもたちは，幼稚園や保育園の時から集団生活に馴染めなかったり，友だちとうまく付き合えない等，困難を抱えている。そして「頑張れ」という周囲の応援のもと，知らず知らず背伸びしているうちに，本来の自分を見失ってしまう子どももいる。

中には特別支援学校に入学して初めて，過去の気づかないふりをしていた辛さに気づいてしまい，失われた時間に捕われて精神的に落ち込んでしまう子どももいる。このような子どもたちの姿を見るにつけ，一人ひとりの子どもが自分を肯定的に受け入れて過ごすことのできる環境づくりの大切さを感じる。

特別支援学校のコーディネーターという立場上，地域の小・中学校に巡回に行くことも多い。2007（平成19）年度に特別支援教育が始まった頃と比べると，発達障害と診断されたり，その特性をもった子どもが増えていると感じる。学級で問題行動が多くなり，担任が相談機関へ行くことや，通級の利用を勧める子どももいる。

しかしそれをすんなり受け入れる保護者ばかりではないのが現状である。「うちの子は障害児ではありません」「先生の指導が悪いからではないですか」等の言葉が返ってきたりする。なぜ保護者からこのような言葉が出るのか。それは発達障害と診断された場合，その後どのような支援が行われ，将来はどうなるのかという情報が不足しているために，不安だけが大きくなるからと思われる。

特別支援教育が始まって年月が進む中，学校の教員の間では発達障害に対する理解が進んできた。私がコーディネーターになったばかりの8年前には，地域の学校に巡回に行くと担任から，「この子の問題行動はわがままですか，それとも障害ですか」と真面目に聞かれることがあった。今はこのようなことを言う教員はほとんどいない。

しかし保護者は発達障害という言葉を聞く機会はあっても，具体的なことはよく分かっていないことが多い。まして発達障害と診断された場合，その後どのようなサポートや支援が受けられ，将来はどのようになるのかということはほとんど知らない。このことが保護者を不安に陥らせ，障害を認めない，認めたくないという態度に追い込むことが多いと思われる。

最近学校からの依頼で通級に子どもを通わせている保護者の方に，卒業後の進路について話す機会を与えられることが多くなった。そこで高校の選択や，高校卒業後の具体的な話をすると，ほとんど知らない方が多いことが分かった。将来の見通しがもてないことは，保護者を不安に陥れる。

しかし実際には発達障害についての理解だけでなく，支援も着実に進んできている。私立の高校の中には，積極的に発達障害の生徒を受け入れて，一人ひとりの特性に応じた指導を行っているところが増えている。また大学でも，発達障害の学生に対して，サポートセンターを作って支援するところも多くなっている。卒後に向けても就労支援の方策は確実に進歩しており，いろいろな支援が自治体で行われている。

発達障害という診断を受けると同時に，これらの情報も与えられれば，保護者の不安も軽減されると思われる。また同じ障害をもつ子どもを育てる親や，すでに社会人となった当事者の人たちから話を聞く機会などもあれば，わが子の将来像についてより具体的なイメージがもてるであろう。

診断からすぐ支援に移行して，しっかりと子どもだけでなく親も支えるシステムの構築が必要である。また学校と医療機関だけでなく，専門家（作業療法士，言語聴覚士，臨床心理士等）からのアプローチや，放課後施設等いろいろな関係機関との連携によって，子どもだけでなく家族がよりよく生活していける環境づくりが必要と考える。

4 保護者が子どもを受け入れるために必要なこと

2016年4月から障害者差別解消法が施行され，合理的配慮の提供が義務付けられることになった。しかしこれまで特別支援学校のコーディネーターとして地域の学校に巡回相談に出向いた経験からいうと，合理的配慮が提供され学校生活がスムーズに送れるようになることと，子ども自身が自分を受け入れることには差があると考える。自分だけがいつも配慮されているという日々は，大人の障害者と違って人格形成期にある子どもにとっては，自己受容を妨げる場合もある。

例えば，車いすを使っている方は，エレベーターやスロープのない場所では，人手を借りないと階段を上がることができない。いつも人に頼んで階段を上げてもらうような状況が続けば，当事者の人の中には「自分は人に迷惑をかけている」「申し訳ない」という気持ちになり，出かけることをためらうことも出てくるかもしれない。しかし基礎的環境整備としてエレベーターやスロープが設置され，人手を借りずに済むようになれば，自分はいつも人の助けを借りなければいけない存在であるという思いをしなくて済む。

最近の「合理的配慮」という言葉がさかんに取り上げられている風潮の中，学校においてその前提となる「基礎的環境整備」という言葉が忘れられているのではという危惧を感じている。

学校生活で困難を抱えているのは，発達障害の子どもたちばかりではない。親からの虐待を受けている子，障害はないが学力の低い子，貧困家庭の子，愛着障害の子，いじめを受けている子，など。こうした子どもたちは，自己肯定感が低く，問題行動も多くなりがちである。発達障害を疑われた子どもの巡回相談を依頼されて学校に出向くと，愛着障害の可能性の方が高いと思われることも多くなった。

いろいろな問題で困難や障害を抱えた子どもたちが，学校の中で自己肯定感を下げないようにすることが大切である。それには個々への合理的配慮以前に，どの子にとっても分かりやすい，参加しやすい授業のユニバーサルデザイン，どの子も学級の一員として居場所のある学級づくりのユニバーサルデザインが大切であると考える。このユニバーサルデザインこそが，学校における基礎的環境整備といえる。

ところが，実際に学校に巡回に出向くと，まだまだの感は否めない。分かる子どもたちだけを相手にした授業の進め方，それに伴い授業が分からないまま置き去りにされ，問題行動を起こしてしまう子どもたち。クラスに居場所がなく，友だちとのトラブルが絶えない子どもたち。

しかしユニバーサルデザインが進んだ授業では，全員の子どもたちが手を挙げて積極的に発言し，授業に参加している。分からない子も「分からない」と言える授業が展開されている。また困難を抱えている子どもに対して，クラスの子どもたちがごく自然にサポートしている場面も見られる。

皆がありのままの自分で過ごすことができるクラス，分からないことも素直に分からないと言え，助け合いながら学んでいく授業。このようなユニバーサルデザインが学校で進んでいき，どの子も学級や授業で自分の居場所があれば，子どもたちも自己肯定感を下げずに自分自身を受け入れることができるようになる。そして子どもの自己受容が進めば，保護者もありのままのわが子を受け入れて，向き合えるようになると考える。しかし子どもの自己肯定感が下がっていくと，問題行動が多くなりがちである。そうなると子育てが難しくなり，わが子でありながら愛情を感じられなくなってしまうこともある。

現在のように合理的配慮が盛んに取り上げられる風潮の中，学校における基礎的環境整備＝ユニバーサルデザインの考え方が薄れてしまうのではと危惧する。合理的配慮が提供されることは一歩前進したわけであるが，あくまでもその配慮を受ける子どもたちの気持ちを慮っての提供であることを願っている。学校が子どもにとって安心できる場であることは，保護者にとっても子育ての自己肯定感を高めていくことになると思う。

第10章

障害のある子の将来を見据えた生活設計のために

綿　祐二

1 子どもの将来の生活設計のための親の心の準備

子どもの将来の生活設計で一番重要なことは，親が子に対して客観的な（当たり前の）生活設計を描けるかという点である。すなわち，子どもの将来設計を考える際，障害者だからという視点から，「人として」の生活設計がイメージできるかである。これは，親の障害受容プロセスにも大きく影響している。障害受容プロセスにおいて，子どもの障害を受け容れず，不適切な環境や日々の処遇を続けることによって，客観的な視点が見えなくなってくる。「私の目の黒いうちは，私が何とかしなければ……」「私が死んだら，この子も……」「わたしがこの子よりも一日でも長く生きる……」「あなたに障害児の親の気持ちなどわからないでしょう」と言って，育児，支援，介護を一人で，または家族で抱え込むことも多い。

家族にとって，狭義の障害に対する価値観から，「共依存」に陥るケースもある。この共依存は，メリットもデメリットもある。時として，家族がパターナリズムに陥ることも多くある。この共依存が長く続くことで，社会と接点を失い，将来の生活設計においても多くの弊害が出てくる。長期的な生活設計をイメージしながら，適切な時期に家族から離れ，社会の中で生きていくことの当り前さを伝えることが重要である。親と子の「共依存からの脱皮」がカギである。親は，障害受容において，社会受容説，価値転換説を理解しておくことが大切である。

障害受容において，「自分の中から生じる苦しみへの対峙」である「自己受容」と「他者から負わせられる苦しみへの対峙」である「社会受容」を分けて考えることが重要である。家族は「自己受容」を中心に考えがちになるが，もっと社会へ目を向け障害を広義的にとらえ，社会システムや環境との相互作用によって障害を理解することが重要である。障害は，個に帰属するものではなく，社会の中に存在する。例えば，障害だから生活しにくいのではなく，社会環境が生活しにくくしているという考えのもと，障害の困難性ではなく，生活の困難性に着眼し，一人ひとりの環境をカスタマイズしていくことが大切である。重要なことは，生活しやすく環境整備していくことである。

価値転換説では，「障害の受容とは，諦めでも居直りでもなく，障害に対する価値観の転換であり，障害を 持つことが自己の全体としての人間的価値を低下させるものではないことの認識と体得を通じて，恥の意識や劣等感を克服し，積極的な生活態度に転ずることである」と定義している。親が障害に対して考え方を変え，当たり前の生活設計に向かう気持ちを持つことである。

「将来の生活設計のイメージづくり」では，障害児者および家族にとって，将来の生活への不安が非常に多い。特に「親亡きあとの生活」についての不安が非常に強い。障害福祉は，図10-1（次頁）で示すとおり，それぞれのライフステージによって，さまざまな福祉サービスが存在する。障害から生じる生活困難性を，そのサービスを利用することによって補完し，「親の支援なしで，社会の中で生きていく」，「親から独立し，当たり前の生活をする」イメージができるかが重要である。

しかしながら，ここで課題になるのが「現実的な社会受容の問題」である。障害者が生活設計し，社会で生活するうえで，さまざまな社会的困難（地域の無理解，差別や合理的配慮）が存在する。その困難性も同時に理解していかなければならない。例えば，これまでも地域で生活するためのグループホーム設立に際して，多くの地域住民の反対運動などが起こっているのも事実である。2014年には「障害者権利条約」が批准され，2016年には「障害者差別解消法」が施行された。差別をなくすためには，地域との相互理解が不可欠である。

障害者には，自由に地域で暮らす権利（生存権，居住権など）や就労する権利，教育を受ける権利がある。一方で社会の構成員としての果たすべき義務のあることも理解しなければならない。障害は個人に帰属するものであるが，障害者が生活していくことは社会に帰属することでもある。社会で生活する以上，社会が障害に合わせていく合理的配慮も必要であるが，障害者が社会のルールに合わせる努力も必要である。障害は「地域社会で生きていくための権利」「生きていくための様々なサービスを受ける権利」「社会の中で生きていくための義務」があることを障害者自身や家族にも理解してもらう必要がある。

さらに，当たり前の生活を送るための「リスク」を理解することも重要である。未就学期〜就学期（主として18歳まで）は，児童福祉法を法的根拠として福祉サービスが提供されている。また，教育基本法において，学校教育が保障されている。その環境の中で多くの合理的配慮がなされ，子どもの成長を見守っている。そのため手厚い処遇環境が確保されている。しかし，成人期においては障害者総合支援法を法的根拠として福祉サービスが提供されている。成人

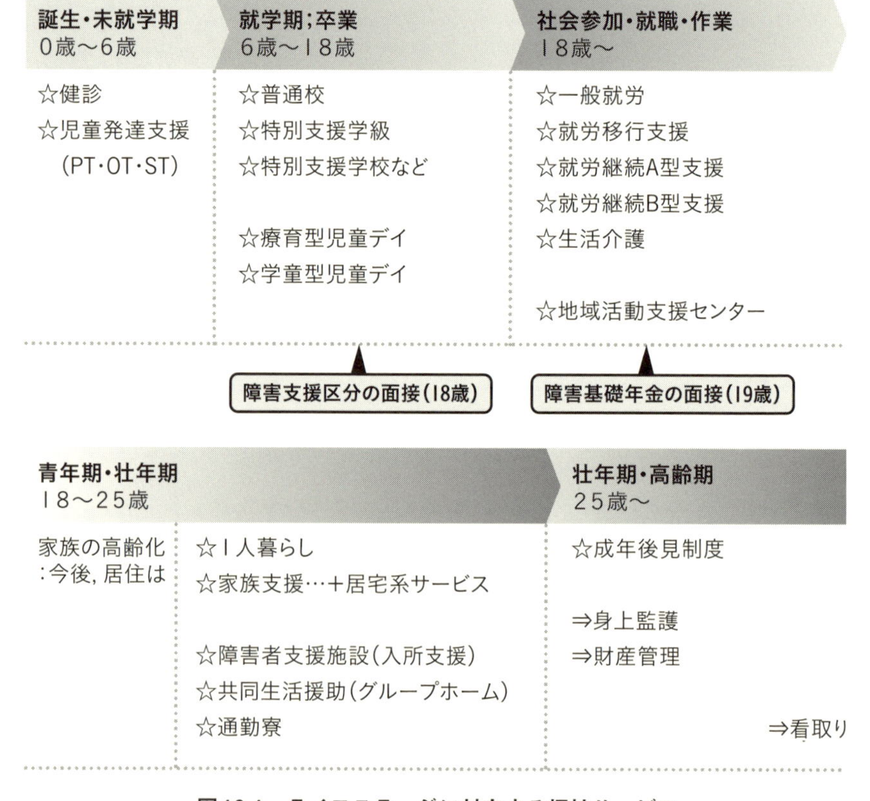

図10-1　ライフステージに対応する福祉サービス

期の福祉サービスは，児童期と比較して，手厚い処遇があるわけではない。例えば，特別支援学校や特別支援学級等では，比較的手厚い教員配置数が確保されているが，卒業後の通所施設にその環境はない。例えば，生活介護事業所では，常勤換算上，利用者4名に対して1名の支援員，就労継続B型支援事業では，利用者10名に対して1名の職員配置が基準である。サポートを受けたい時にサポートを受けられないこともあるのが現実である。学校卒業後は，これまでの手厚い生活設計から荒波の社会へ移っていくことも忘れてはならない。ただ，これは当たり前の義務を理解していくことでもある。

同時に家族は，社会の中で生きることの「リスク」を理解しなければならない。親の意識変革である。これまでは，家族の手厚い支援によってそのリスクを回避してきたが，これからは社会の中で，専門職がリスク回避をしていくという理解が必要である。このリスク回避は，家族の考えるリスク回避ではなく，社会の中のリスク回避という意識改革である。

このように，将来の生活設計のために，子どもと家族ともに，将来の生活の厳しい現実を理解して，当たり前の生活を設計していこうとする覚悟，気概をもつことができるかが契機である。

2 ライフステージごとの福祉サービス

障害児者は，障害事由が発生してから障害種別ごと，またライフステージによって，さまざまな福祉サービスを受けていく。ライフステージごとの福祉サービスについては図10-1（前頁）で示した。未就学期は，児童発達支援事業によって理学療法，作業療法，言語聴覚療法などの療育活動やリハビリテーションを受けていく。専門家との出会いによって，家庭で実践できる療育を学び，日々の生活の中に，無理なく取り入れられるかが重要である。療育実践で重要なことは継続である。日常生活の小さな積み重ねや繰り返しが子どもたちの基礎力となってくる。例えば，コミュニケーションが苦手な子どもたちに対して，絵カードの利用や二者択一的な言葉がけを繰り返すことで，生活の見通しを立てたり，自分の意思表示のサインを作ったりと日々の環境を子どもが自律的に整えていく。その際，家族が無理のない範囲でできるかが大切である。

また，てんかん等の発作などを有した障害児は，服薬によるコントロールも必要で，医療との連携が欠かせない。この時期は，医師をはじめ多くの専門家との連携によって，家族介護の基盤をつくる時期である。

就学期は，特別支援学級や特別支援学校に通い，教育との連携が深くなってくる。この時期の家族は，きょうだい児の育児や両親の仕事との関連が深くなってくる。放課後等デイサービス，日中一時支援事業，緊急一時支援事業などを使い，家庭内の支援・介護環境を整備していくことが大切である。特に常時医療ケアのある障害児者にとって医療・教育・家族の連携は重要な課題である。

しかしながら，現在の児童デイサービスでは，理学療法，作業療法，言語聴覚療法などの専門療育を受けられる機会が極めて希薄である。さらには，特別支援学校へ通えば，社会との接点が少なくなる。この時期，SST（ソーシャルスキルトレーニング）を受けることは重要である。SSTは，バーチャルな環境で学ぶのではなく，実際の社会の中での日常生活動作（ADL）や買い物，交通手段，金銭管理，リスク回避などをリアルな社会で学ぶことが大切である。

学校卒業後は，一般就労，就労移行事業，就労継続事業，生活介護といった日中活動系の事業所へ通所する。通所当初は，環境変化に慣れずにいるが，焦らないことである。環境変化への順応は一人ひとり異なり，時間をかけて自分の居場所づくりをしていく。

この時期は，家族も余裕ができてくるが，次第に親の高齢化が進んでくる時期でもある。家族は知らぬ間に体力的に支援・介護が徐々に辛くなる時期でもある。今はできるからと安易に考えず，親自身の高齢化を現実視して，将来の生活設計を考えなければならない時期である。親亡き後まで含め，将来の居住に関して整備しなければならない。家族が支援・介護ができなくなった時に，在宅での生活をしていくのか，共同生活介護（グループホーム）や障害者支援施設を利用するのかを家族として選択していかなければならない。

そして，親亡き後の生活設計で重要なことは，後見である。後見制度は，「財産管理」と「身上監護」に関して，どのように考えていくかも家族の大きな役割である。特に将来の医療的ケア（経管措置や胃瘻設置など）は，家族がその意向を明確にしておく必要がある。重度障害者にとって，「看取り」も含め，家族が考えなければならない重要な事項である。

3 成人期の生活設計の理想と現実

(1)「働くこと」の意味の理解

なぜ人は「はたらく」のか。もちろん，経済的自立を目指して，給与で生活費を賄うことが一義的には重要である。障害者の就労は，ただ「生活費のための金を稼ぐ」目的だけではなく，就労を通して社会参加，社会構成員としての社会貢献，生きがい，人間関係の構築，仲間づくり，社会の中の存在など多様な目的が存在する（図10-2）。個々の目的を明確にすることが大切である。重要な点は，①当たり前の就労環境を目指していくこと（地域に根付いた就労環境），②自ら仕事への向かう意欲を支えること（自律性への支援），③コストバランスを意識した就労環境を整えること，である。今一度，子どもの「はたらく」意義を考えてみることである。

(2) 経済的自立をするためのコストバランスシートの作成

多様な生き方の中で障害者が生きていくため（経済的自立のための）のコストバランスシートの作成は不可欠である。この収支バランスが合わなけれ

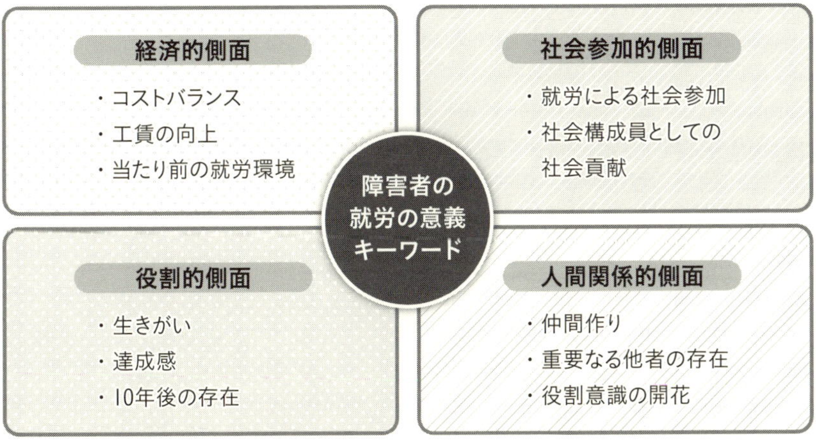

経済的側面
・コストバランス
・工賃の向上
・当たり前の就労環境

社会参加的側面
・就労による社会参加
・社会構成員としての社会貢献

障害者の就労の意義キーワード

役割的側面
・生きがい
・達成感
・10年後の存在

人間関係的側面
・仲間作り
・重要なる他者の存在
・役割意識の開花

図10-2 障害者の就労の意義

ば，子どもの独立などありえない。【「障害基礎年金」＋「各種手当・補助」＋「α」＞「サービス利用料」＋「食費」＋「光熱費」＋「生活必需品」＋「その他（グループホームであれば家賃など）」】でなければ，安定した継続的な生活設計はできないのである。障害基礎年金は，1級で年間780,100円×1.25＋子の加算，2級で780,100円＋子の加算である。手当は状態像や地域によって異なる。また，「α」の部分は，給与，工賃，家族支援などが該当する。将来の居住スタイル（自宅で家族支援，居宅サービス利用による一人暮らし，グループホーム，障害支援施設など）にもよるが，将来的には家族の経済的支援なしでの生活設計を組むことが大切である（図10-3）。

バランスシートの作成

収 入	支 出
【障害基礎年金】 ＋ 【各種手当】 ＋ 【α：工賃や家族支援】	【サービス利用料】 【食費】 【光熱費】 【生活必需品】… 【家賃（グループホームなど）】

【障害基礎年金】＋【各種手当・補助】＋【α】 ＞ 【サービス利用料】＋【食費】＋【光熱費】＋【生活必需品】＋【その他（グループホームであれば家賃など）】

家族の経済的援助なしでの自立シミュレーション

・**年金内での生活（収入）**

障害基礎年金	約81,000円（1級の場合）
障害者手当	約25,000円
家賃補助	約15,000円＋【工賃】
	123,000円

・**年金内での生活（支出）**

食費	約40,000円
光熱費	約10,000円
家賃	約30,000～50,000円
生活必需品	約15,000円
	105,000円

図10-3　経済的自立をするには

(3) 後見をどのように考えるか

成年後見制度は，法定後見制度と任意後見制度がある。法定後見制度には「後見」「保佐」「補助」があり，判断能力の程度などによって適切に設定する必要がある。子どもの利益を考えながら，子どもを代理して契約などの法律行為をしたり，本人が自分で法律行為をするときに同意を与えたり，本人が同意を得ないでした不利益な法律行為を後から取り消したりすることによって，本人を保護・支援する。また，成年後見制度では「財産管理」と「身上監護」に関して，どのように考えていくかも家族の大きな役割である。特に「身上監護」において将来の医療的ケア（経管措置や胃瘻設置など）は，家族がその意向を明確にしておく必要がある。重度障害者にとって，「看取り」も含め，家族が考えなければならない重要な事項である。

(4) 居住・生活環境の整備

学校卒業後，家族の高齢化が進み，家族が体力的に支援・介護が徐々に辛くなる時期がやってくる。今は，できるからと安易に考えず，家族の高齢化に向けて，将来の生活設計を考えなければならない。親亡き後まで含め，将来の居住に関して整備しなければならない。家族が支援・介護ができなくなった時に，在宅での生活をしていくのか，共同生活介護（グループホーム）や障害者支援施設を利用するのかを家族として選択をしていかなければならない。2011年の障害者基本法の改正で「相互に人格と個性を尊重し合いながら共生する社会を実現」が強調され，地域移行支援，地域定着支援を中心に施設入所から地域での生活を推し進める環境へと移った。

さらに「サービス等利用計画」の作成が義務づけられた。サービス等の利用計画の作成（計画相談支援・障害児相談支援）は，障害児者の自立した生活を支え，障害児者の抱える課題の解決や適切なサービス利用を計画するものである。加えて「サービス等利用計画」では，福祉サービスとともに，医療，年金，生活保護，成年後見制度，ハローワークなどのフォーマルサービスのほかに，家族，親戚，友人，知人，ボランティア，交通公機関等の地域生活資源などのインフォーマルサービスも含めて，支援・介護体制を構築するものである。

家族を含めた社会資源を包括的に利用し，障害児者の生活を設計していくことが大切である。例えば，サービスとサービスの間や週末の過ごし方，地域との関わり方まで家族と共に話し合っておく必要がある。

4 学齢期から成人期への架け橋――先生方へのメッセージ

前掲の図10-1で示した通り，子どもは障害の発症から未就学期は療育など福祉サービスを受け，学齢期で教育を受け，また，福祉サービスを受ける。つまり，（福祉）⇒（教育）⇒（福祉）とライフステージが繋がっていく。子どもの成長を考えたとき，このライフステージを切れ目なく，同じスタンスの支援が必要である。障害児の教育では，「家族と教育の連携（家教連携）」から「医療と家族と教育の連携（医家教連携）」へと広がり，特別支援学校などでは看護師の配置が広がっていった。今後は，「医家教＋福祉」の連携が必要になってくる。卒後の福祉サービスの需要と供給バランスを考えると未だ社会資源が不足しているのが実態である。

そのような背景で，教育現場における実際の地域でのSSTの強化，地域という荒波の中での生活設計，障害児の自立と自律性の確立が不可欠になってくる。当たり前の生活を自分の力で創造する姿勢を涵養していくことが重要である。

- どこで生きていくか ➡ 地域・サービスの設定
- 経済的シミュレーション
- 支援のシミュレーション
- 親離れ・子離れのシミュレーション

図10-4　子どもの独立までの準備

5 まとめにかえて

家族は，子どもが，将来いつから，どこで，だれの支援を受けて生きていくかをシミュレーションすることが大切である。親の心配は，「親亡き後」の子どもの生活である。そのためには，具体的な目標年齢を決めることが大切である。子どもの独立までの準備のために必要なことを図10-4（前頁）に示す。

家族は，「いつか，独立を……」といって，なかなかその準備が具現化しないことも多い。「いつか」という日はないのである。「いつ」「どこで」子どもを独立させるかという「腹のくくり」と「気概」が必要である。

資料

先生に贈る
ありがとうBOOK

中川信子

1 はじめに

東京都狛江市では教育委員会が「すべての学校の，すべての学級の，すべての教員による，すべての子どもたちのための特別支援教育」をかかげ，通級学級（教室）の設置と増設に取り組んできた。その中で，市内の通級を利用する児童の保護者たちは，ゆるやかなつながりを持ち，教育委員会や学校とのいい関係を保ちつつ，保護者の意見を伝える活動を行ってきた。

そして，通級および所属級の先生たちにたくさんの「ありがとう」を伝えたいという保護者たちの思いから，何人かの保護者有志が編集を担当し，冊子『先生に贈る　ありがとうBOOK』を刊行。市内の全教員に配布した。

本書の最後に関係者の許可をいただき，以下にその冊子の抜粋を紹介する（掲載にあたり内容を一部修正）。見えてくるのは，「特別な子への特別な支援」ではなく「すべての子どもたちへのさりげない個別配慮」の大切さである。

2 先生ありがとうBOOK

●まえがき

通級と通常級。状況や立場，考え方も違う中でたくさんの先生方が，今日も真摯に子どもたちの個性に向き合ってくださっています。そこで踏み出す子どもの一歩は，子ども本人にとっても親にとっても希望です。

そんな，6つの学校の現場にかかわってくださっているたくさんの先生方に伝えたい「ありがとう」を募ったところ，年代を越えて保護者の方からいくつものエピソードが寄せられました。親とはいっても，どの親もその子を育てるのは初めてで，わが子の個性に驚いたり惑ったり。子どもに差し伸べられる先生方の手は，子どもを介して実は，親の手ともつながっていたのを感じました。

●通常級，通級，塾。垣根を越えた連携プレー

「先生はそういうの，見過ごせない。君は先生たちみんなとの信頼を裏切ったの」

めずらしく廊下で先生の声が響きます。いつも笑顔を絶やさない通級の先生のこわばった顔に，ちょうどお迎えにきたお母さんはびっくりしました。

通級している高学年のＡ君は，重要な事柄でも，自分が興味を感じなければ全くとりくめません。宿題の提出が滞りがちで，なかなか改善できませんでした。しかも通級の先生にはちゃんと提出していると嘘の報告をしていたうえに，今度は宿題のドリルの答えを書き写していたことが発覚。もう，とほほ以外の言葉が見つからない状況でした。

通級，所属級，家庭との三角ノートで状況を知った通級の主任の先生が，Ａ君を廊下に連れて行き，お迎えのタイミングに合わせ，お母さんの目の前で話し合いが行われたのでした。

正直であることの大切さ，中学就学にむけて提出物の期限を守る重要性，信頼は積み重ねでしか得られないことを先生が丁寧に話してくれます。Ａ君の行動の改善は，Ａ君の自覚にかかっているのです。

先生は言葉を続けます。「担任の先生，塾の先生，通級の先生もみんな今の君のことは信じてないけど，君の将来は信じてる。わかる？　君が根っこの部分でいい人だって知ってるから。みんな，君のこと好きなんだよ」

Ａ君は普段，どんなに叱られても5秒後には遊びのことを考えてしまいますが，この日はめずらしく無口になって在籍校に戻りました。そして担任の先生に自分から宿題の件を謝ることができました。Ａ君の変化への挑戦は，まだ当分続きます。

【保護者からのありがとうポイント】

何度注意しても全く響いていないように感じ，無力感でいっぱいになってしまった時，先生方は心強い味方。通級の主任の先生が，担当や通常級の担任の先生，塾の先生にまで相談の上で，いつになく強い言葉で伝えていただいたことで，本人の自覚を促せたように思います。また，親の前で話していただき内容を共有できたため，家庭での話し合いにも生かせ，助かりました。息子に関わってくださったすべての先生方，ありがとうございます。（Aの母）

●先生の決意を感じた支え方

高学年の4月，それまでのストレスやクラス替えのストレスから保健室に行くことが多くなったB君。新しく担任になった先生はある日，「熱もないし顔色もいいから教室に戻ろう」とB君を説得できないまま強引に教室に連れて行きました。結果，信頼関係にヒビが入り，「先生の顔を見るのもイヤだ」と登校できなくなってしまいました。

元々環境の変化に弱いこと，決して保健室でさぼっている訳ではなく，本当に具合が悪くなってしまうことを説明したところ，先生はすぐに対応を変えてくださり，B君に直接謝ってくれたのです。自分の気持ちを尊重してもらえたことで，先生との関係が改善され，B君のおかあさんも，何か問題があれば，担任の先生に相談できるようになっていきました。

B君との間の信頼の糸は，とてもあやういものでした。先生はそれを強固なものにしようと，B君にイレギュラーな対応をいくつもしてくれたのです。

運動会の組み体操ではB君特有の痛みに過敏な面や，体に力が入りすぎることが原因で，お友達とぎくしゃくしてしまい，うまく協力できず困りました。そんな時，先生が臨機応変に編成を変えてくれたり，副担任の先生がB君の下に入ることで，当日も上手にやりとげられたのです。

また，不登校気味で受けられない授業が増えてきた頃，担任の先生が，黒板を写メールでお母さんの携帯に送ってくれたこともありました。

普段の教室にはなかなか入れない時でも，通級学級には通えていたので，担任の先生，通級の先生が連絡をとり合い，家庭と一緒にB君を支えることができ，無事に卒業することができました。

【保護者からのありがとうポイント】

いよいよBの不登校が本格的になって来た頃，支援会議をすることになりました。校外で夜に行ったにもかかわらず，担任の先生，通級の先生，校長先生，その他のBに関わっていた先生方が集まってくださり，「Bのために今，何をしたら一番良いのか？」を一緒に考えてくださいました。一人の子どものために一生懸命になってくださった先生方に今も感謝しています。（Bの母）

●先生の工夫が，やる気スイッチに

読み書きが困難なC君が低学年の時，文章を書き写す宿題が出ました。配られたB5サイズのプリントには小さなマスが並んでいます。「こんな小さな文字は書いたことがない」と，宿題に取り組む前から，C君は苦しい気持ちになっていました。ところがその頃，担任の先生がディスレクシアの講演に行き，読み書きに苦しむ人たちの実情を把握されたのです。先生の対応の早かったこと。

A4に拡大されたプリントがA君に渡されました。マスが大きく「これならできそう」とC君のやる気がアップ。続けて先生は，他の子どもたちにも「A4でプリントがほしい人は？」と呼びかけました。すると次々手が挙がり，C君は「苦しいのはぼくだけじゃなかったんだ」と安心し，フォローしてもらうことへの心苦しさが消え，とても楽になれたのです。

そんなC君も学年が進み，勉強も難しくなってきました。宿題への取り組みにも困難さが増える中，お母さんの「なんとか取り組ませよう」という気持ちと，C君の「大変だからきっと終わらない。終わらないことはやりたくない」という気持ちがぶつかり合い，バトルの毎日。通級，所属級，家庭の三角ノートから，親子関係が危ういと感じ取った先生からこんな提案が出されました。

「まずは『C君に達成感を持たせる』ことを目標にしましょう。例えば，計算ドリルの20問のうち，10問をC君の必修にしてあとの10問をやるかどうかは本人に選ばせるのです」。

この提案にC君は大喜び。「10問だけ？　やったー！」集中してさっさと終わらせました。そんなふうに取り組んで3日目。「簡単だから，俺，全部できる！」と自主的に全問回答。その後，宿題を減らすことはほとんどありませんでした。

【保護者からのありがとうポイント】

先生はいつもCの気持ちに寄り添い，どの程度なら出来そうか探り，負担感を減らして取り組みやすくし，意欲を引き出してくださいました。廊下ですれちがいざまに「宿題，がんばれよ」とひと声かけてくれた日のCは「先生はいつも俺を見てくれている」と張り切って机に向かえました。そんな我が子を見て，達成感が自信につながることを実感させていただきました。ありがとうございました。(Cの母)

●個別の指導が育てた自信

小学校1年生の終わりに通級をすすめられたD君。悩んだ末に，4年生から通級を利用し始めました。ここ数年で理解が広がった通級学級，通級教室ですが，その頃はまだ情報が少なく，保護者としてはとても心細い想いの中，決断するにはそれだけの時間が必要だったのです。

D君は人に自分の気持ちや出来事を伝えるのが苦手でした。トラブルがあってもうまく説明ができず，周りのお友達も大人たちも困ることが多くありました。通級の先生は，D君の話を時間をかけてよく聞き出し，図解入りで記録。所属級の担任の先生とお母さんは，それを見てD君に起こった出来事を理解できるようになりました。図を描きながら話すことは，D君にもまわりにとっても楽なことだと気づき，悩んでいたお母さんは目の前が明るくなる思いでした。絵や図を描きながら話をする方法は，すぐにD君の家庭でも取り入れられました。

D君の言葉の理解を深めたいというお母さんの希望に応え，先生はD君のレベルに合わせたプリントを作成してくれ，100点をつけることでD君に自信を持たせてくれたのです。そんな日の振り返りの時間，D君は「今日の僕は大活躍」と言って満足そうで，帰宅後の宿題への取り組みもスムーズでした。こうしてD君は自分に合った支援により自信を持って，中学へ進んで行きました。

【保護者からのありがとうポイント】

通級の保護者会に初めて行った時のドキドキを，昨日のことのように思い出します。保護者の皆さん，先生方が暖かく，明るくてほっとしたものです。この，保護者会の明るい雰囲気は先生方の努力の結晶ではないでしょうか。今回，数年ぶりに3年間の記録を読み直して，親子共に学び，充実した時間だったんだなあと感じて本当に感謝です。あの3年間にどれほど助けられたことでしょう。Dは今，部活に忙しい日々を送っていますが，長い休みになると，ふと通級の先生に会いにいきたいと言うこともあり，Dにとってもフォローを受けたことが，自信や安心感の基盤になっているのだと感じます。改めて，ありがとうございました。(Dの母)

●ほかにも，こんな配慮にも支えられています

○なかなか褒められる場面が少ない息子に，リコーダーのテストの時，担任の先生が「ふつうに上手だったよ」と耳打ちしてくれた。よほど嬉しかったようで，普段は報告しないのに，帰宅したとたんに話してくれました。

○本来は学期ごとに係を変わるルールでしたが，息子は2期連続でお笑い係にしてもらい，活躍の場を与えられて自信を持って活動に参加できていました。

○漢字テストの返却時，プリントの余白に「がんばってるぅ！」，30点でも「よし！次は40点めざそう！」と本人の頑張りを認めてくれているコメントがあり，先生が見守ってくれてるんだと子どもの学習意欲がわいていました。

○発表が苦手な子でした。「声が小さくて聞こえません」と友だちに言われ，パニックに。黙ったまま，声が出せずに涙が出るばかり。かけつけた先生が「緊張しちゃったね」「だいじょうぶ」と声をかけながら抱きしめて廊下に連れ出し，クール ダウンさせてくれました。

○今，何をすべき時なのかがわからなくなってしまう娘のために先生は，短く，的確な言葉で指示を出し，行動カードと時計を黒板に貼ってくれました。迷った時は黒板を見ると「今，10分までは書く時だ」とわかり，自分で行動を正すことができました。

○興味の幅がとても狭い息子でしたが，個別の時間の中で，息子の興味のある話から話を拡げて指導していただき，すんなりと抵抗なく指導を受けることができました。息子の気持ちに寄り添っていただき，無理強いされないことで，息子が先生を信頼できたことが大きかったと思います。

3 おわりに

本冊子の最後は以下のような「あとがき」で締めくくられている。

ちょっと違う子どもの指導にはちょっと違う工夫が必要で，時に，前例のない事に挑まなくてはならない先生方の勇気や想いに一言お礼を伝えたいと，この冊子を作りました。

一人の先生の工夫の後ろに，他の先生の支えが見え隠れすることもあります。

人の成長も環境の整備も，変化には時間がかかります。

すべてがすぐにハッピーエンドではないかもしれません。

蒔いた種は，いつ芽が出るかわからないし，お互いに，伝えきれないこともあれば，受け止めきれないこともあるでしょう。

親でさえ，先が見えない不安から逃げ出したいと思う時，子どもの傍に先生がいてくれることで向き合い直せることもあります。

先生，ありがとうございます。

※謝辞：冊子内容の掲載をご許可いただいた保護者の皆様，本冊子の編集・発行元である「狛江市通級保護者の会・リーブス編集部」の皆様に感謝致します。

著者紹介（執筆順）

中川信子	（なかがわ・のぶこ）	編者・子どもの発達支援を考えるSTの会代表
市川奈緒子	（いちかわ・なおこ）	白梅学園大学子ども学部教授
堀口貞子	（ほりぐち・さだこ）	堀口クリニック副院長・小児科医
藤田晴美	（ふじた・はるみ）	上士幌教育委員会子ども課 発達支援センター主査
進藤美左	（しんどう・みさ）	NPO法人調布心身障害児・者親の会会長・ 自閉症スペクトラム支援士
阿部厚仁	（あべ・こうじ）	東京都世田谷区立烏山北小学校主幹教諭
山登敬之	（やまと・ひろゆき）	東京えびすさまクリニック院長
前田かおり	（まえだ・かおり）	フリースクール KOPPIE 代表
田上美恵子	（たがみ・みえこ）	元東京都立府中けやきの森学園特別支援 教育コーディネーター
綿　祐二	（わた・ゆうじ）	日本福祉大学福祉経営学部教授・ 社会福祉法人睦月会理事長

監修者紹介

柘植雅義（つげ・まさよし）

筑波大学人間系障害科学域教授。愛知教育大学大学院修士課程修了，筑波大学大学院修士課程修了，筑波大学より博士（教育学）。国立特殊教育総合研究所研究室長，カリフォルニア大学ロサンゼルス校（UCLA）客員研究員，文部科学省特別支援教育調査官，兵庫教育大学大学院教授，国立特別支援教育総合研究所上席総括研究員・教育情報部長・発達障害教育情報センター長を経て現職。主な著書に，『高等学校の特別支援教育 Q&A』（共編，金子書房，2013），『教室の中の気質と学級づくり』（翻訳，金子書房，2010），『特別支援教育』（中央公論新社，2013）『はじめての特別支援教育』（編著，有斐閣，2010），『特別支援教育の新たな展開』（勁草書房，2008），『学習障害（LD）』（中央公論新社，2002）など多数。

編著者紹介

中川信子（なかがわ・のぶこ）

言語聴覚士。子どもの発達支援を考えるSTの会代表。一般社団法人サポート狛江代表理事。東京大学教育学部教育心理学科卒業，国立聴力言語障害センター付属聴能言語専門職員養成所卒業。旭出学園教育研究所，神奈川県総合リハビリテーション病院，調布市あゆみ学園（現・調布市子ども発達センター）等を経て，現在に至る。東京都狛江市で健診後のことばの相談にあたるほか，保健・福祉・教育の各分野の協力のもと，子どもが地域で健やかに育つ仕組みづくりに取り組んでいる。おもな著書に『発達障害とことばの相談－子どもの育ちを支える言語聴覚士のアプローチ』（小学館，2009），『1・2・3歳　ことばの遅い子－ことばを育てる暮らしの中のヒント』（ぶどう社，1999）『ことばの遅れのすべてがわかる本』（講談社，2006）など多数。

ハンディシリーズ 発達障害支援・特別支援教育ナビ

発達障害の子を育てる親の気持ちと向き合う

2017 年 1 月 27 日　初版第 1 刷発行　［検印省略］
2018 年 10 月 31 日　初版第 3 刷発行

監修者　柘 植 雅 義
編著者　中 川 信 子
発行者　金 子 紀 子
発行所　株式会社 金 子 書 房

〒112-0012 東京都文京区大塚 3-3-7
TEL 03-3941-0111(代)
FAX 03-3941-0163
振替 00180-9-103376
URL http://www.kanekoshobo.co.jp

印刷／藤原印刷株式会社　製本／株式会社宮製本所
装丁・デザイン・本文レイアウト／mammoth.

ISBN978-4-7608-9549-6 C3311 Printed in Japan

金子書房の発達障害・特別支援教育関連書籍